Internet marketing LIFESTYLE

LA GUIDA STEB-BY-STEP CHE TI RIVELA COME ARRIVARE ALLA LIBERTA' FINANZIARIA CON INTERNET

Internet Marketing Lifestyle

Guida step-by-step che ti rivela come

Arrivare alla libertà finanziaria con Internet

- Crea la tua Nuova Attività Digitale -

VOLUME I

a cura di **Stefano Grande**

Tutti i diritti riservati

Note legali

Le strategie riportate in questo manuale sono il frutto di anni di studi quindi non è garantito il raggiungimento dei medesimi risultati.

L'autore si riserva il diritto di aggiornare o modificarne il contenuto in base a nuove condizioni. Questo documento ha solo ed esclusivamente scopo informativo e l'autore non si assume nessuna responsabilità dell'uso improprio di queste informazioni.

Capitoli

Capitolo 1

I grandi vantaggi di vivere la vita dell'Internet Marketer

Se la tua occupazione principale è vivere grazie ad internet, allora ti faccio le mie congratulazioni! Hai raggiunto lo stile di vita che milioni di persone sognano e ti sei inserito in una cerchia di persone che si sono "fatte da sole", che sono motivate, determinate e hanno le competenze tecniche per guadagnarsi da vivere totalmente online.

Anche se non lavori su internet full-time, il solo fatto di comprendere i meccanismi dell'internet marketing sufficientemente da poter promuovere i tuoi servizi e i tuoi prodotti online, o da aiutare gli altri business ad avere successo, fa ti te un pioniere. Alcuni anni fa l'idea di poter vivere guadagnando online non era neppure immaginabile; ci troviamo quindi su un territorio parzialmente inesplorato e, chi di noi vive così, rappresenta una nuova era, un nuovo modo di vivere, di concepire il lavoro e la vita stessa.

Ma è proprio tutto così come lo immagini? Stai veramente godendo di tutti i vantaggi e traendo il meglio da questa posizione privilegiata che hai creato per te stesso?

Per molti purtroppo la risposta a questa domanda sarà un "no" fermo e deciso. L'internet marketing infatti può essere fonte di grande stress e, se non dai la priorità al tuo benessere, alla tua salute e alla qualità della tua vita, può addirittura trasformarsi in un incubo.

Se hai delle difficoltà a trovare il giusto equilibrio tra il lavoro e gli impegni quotidiani, se ti preoccupi costantemente e sei tormentato dalla possibilità di non avere lavoro a sufficienza, o se magari non sai gestire un carico di lavoro cospicuo, allora potresti non riuscire mai a rilassarti.

Allo stesso modo, se non stabilisci una routine, potresti finire a lavorare in pigiama magari dal pomeriggio inoltrato fino a notte fonda.

Alcuni potrebbero ritrovarsi a promuovere e vendere prodotti per i quali non riescono a guadagnare nulla con il risultato che non traggono quindi nessuna soddisfazione e nessun piacere dall'attività che svolgono. Vendere prodotti digitali di scarsa qualità o promuoverne di scadenti o inutili è davvero frustrante. Se invece offri servizi per le aziende e per altri business potresti avere la sensazione di fare tutto ciò che fai solo per gli altri e quindi di non progredire e di non crescere professionalmente e come persona.

Senza parlare della gestione clienti. Non è sempre facile avere a che fare con i clienti. Infatti, ci sono clienti difficili che hanno richieste irragionevoli e altri che non fanno che lamentarsi di cose che magari per te non hanno senso, oltre poi ai clienti che non pagano o che si rifiutano di pagare la giusta somma per i prodotti e i servizi di cui vogliono usufruire.

Potresti ritrovarti stanco, stressato e fuori forma; carico di lavoro con l'unico obiettivo di rispettare le scadenze. Quando è così finisci col chiederti se ne vale davvero la pena. Hai fatto il grande passo, sei diventato il capo di te stesso, sei un internet marketer ma in fin dei conti ti senti peggio di prima.

Il sogno dell'internet marketing

Vediamo adesso come potrebbe essere la vita dell'internet marketer se sai come gestirla...Innanzitutto fare l'internet marketer potrebbe significare avere il proprio business di cui si è orgogliosi e di cui si va enormemente fieri. Pensa solo alla sensazione piacevole che scaturisce dall'avere il proprio marchio, il proprio logo, i propri biglietti da visita ecc. Pensa alla soddisfazione di poter assumere delle persone, di poter avere dei consulenti, di avere successo e potersi permettere oggetti di lusso. Essere finanziariamente agiati è già una bella sensazione ma lo è ancora di più se questa situazione è generata dal proprio successo personale e dalle proprie capacità creative.

E' davvero una soddisfazione immensa quando qualcuno ti chiede "che lavoro fai" poter rispondere "ho un business online". Ti senti davvero a capo del tuo impero e capo di te stesso.

Lavorare online è anche fonte di grande libertà, non sei dipendente da nessuno. Per esempio, per un certo periodo avevo deciso di prendermi tutti i mercoledì liberi. Perché? Perché potevo e posso farlo! In questo modo lavoro solo due giorni consecutivi durante la settimana e ho la possibilità di fare tutto ciò che devo fare quando gli altri lavorano. Il che ha enormi vantaggi: al supermercato c'è poca gente e così anche in tutti gli altri posti (dal parrucchiere, in posta, in banca ecc.).

Ma cosa ancora più importante, avere un giorno libero in settimana, mi permette di dedicarmi anche ad altre attività e ad altri hobby e di avere così sempre qualcosa per cui essere entusiasta. Sono entusiasta di tornare al mio lavoro e sono entusiasta di potermi dedicare anche ad altro nel mio tempo libero. O perché no di lavorare di sabato e domenica.

La libertà di un lavoro online va ben oltre la possibilità di scegliere un giorno libero alla settimana. Le opzioni sono davvero innumerevoli; vediamone alcune. Se ad esempio ti preoccupa la sedentarietà di un lavoro online puoi decidere di andare in palestra o di fare attività fisica tutte le mattine prima di iniziare a lavorare.

Un lavoro online ti consente di poter lavorare da qualunque luogo. Hai mai pensato alla possibilità di diventare un "nomade digitale" e viaggiare per un lungo periodo pur continuando a gestire la tua attività? Puoi viaggiare e vedere il mondo lavorando in hotel, sulla spiaggia, negli internet café... Oppure ti trovi talmente bene nella tua città e nella tua casa da decidere di crearti un ufficio spettacolare con vista panoramica in cui dedicarti al tuo business.

Con il tempo e l'esperienza puoi diventare talmente bravo nell'internet marketing da riuscire a creare degli automatismi in grado di generare entrate passive. Hai capito bene, puoi guadagnare anche mentre dormi, mentre sei in viaggio per una destinazione esotica, mentre sei al mare, in montagna o in giro a fare ciò che ti piace. Immagina la piacevole sensazione di svegliarti il giorno successivo, controllare il conto e scoprire di aver fatto numerosi incassi mentre facevi altro.

E' davvero arrivato il momento di adottare il giusto approccio al mondo dell'internet marketing, di scegliere lo stile di vita più adatto a te anziché vivere alla giornata, senza metodo, con la sensazione frustrante di costrizione dovuta ad una scarsa organizzazione del lavoro e del tempo a disposizione.

In questa Guida analizzeremo diversi aspetti riguardanti l'Internet Marketing Lifestyle. Imparerai ad adottare un metodo, ad essere disciplinato in modo da trovare il giusto equilibrio tra lavoro, impegni della vita quotidiana e tempo libero. Riuscirai a creare lo stile di vita più adatto a te e alle tue esigenze. Vedrai come fare per massimizzare la tua produttività, migliorare il tuo benessere generale, guadagnare di più sentendoti realizzato e soddisfatto.

Allo stesso tempo vedrai come poter espandere e far crescere il tuo business e trasformarlo in una macchina che produce ricchezza, sempre in movimento e in continuo sviluppo, così da evitare la spiacevole sensazione di trovarti ad un punto fermo.

E' possibile guadagnare abbastanza da diventare finanziariamente liberi lavorando solo 4 ore alla settimana?

Tim Ferris, l'autore del best seller internazionale "4 Ore alla Settimana", sostiene che sia possibile vivere in questo modo. Esiste un'alternativa alla lugubre prospettiva di lavorare per qualcun'altro, tutti i giorni, per il resto della vita.

Uno dei principi del libro di Tim Ferris riguarda il lifestyle del milionario. Questo principio si basa sul concetto secondo cui più che essere effettivamente milionari, il vero desiderio della maggior parte delle persone è di poter vivere lo stile di vita da milionario.

Il lifestyle del milionario è uno stile di vita libero e indipendente che si fonda sul principio di suddivisione del reddito tra assoluto e relativo. Il reddito relativo è quello che conta perché tiene in considerazione il tempo necessario che ci vuole per guadagnare una data cifra.

Facciamo un esempio concreto. Poniamo che io ti presenti due persone di cui una ha un reddito annuale di 50 mila euro mentre l'altra di 100 mila euro. Se ti chiedessi quale tra le due persone è più ricca tu mi diresti..."beh ma è ovvio, quella che ha un reddito di 100 mila euro annui".

Ma, se la persona che guadagna 100 mila euro annui lavora 5 giorni alla settimana, per 8 ore al giorno, in un ufficio, mentre la persona che ne guadagna 50 mila lavora ad esempio solo 4 ore al giorno, potendo scegliere liberamente quando e dove lavorare, allora la persona più ricca - la persona che può vivere il lifestyle milionario - è quella che guadagna 50 mila euro annui. Infatti questa persona non è legata ad un posto fisso, può lavorare da qualsiasi parte del mondo e può scegliere se lavorare al mattino, al pomeriggio, di notte. La persona che può permettersi lo stile di vita da milionario - in questo esempio - è la persona che guadagna 50 mila euro annui non quella che ne guadagna 100 mila.

Non solo. Poniamo che la persona che guadagna 100 mila euro annui viva a New York, perché il suo lavoro è lì ed è grazie al suo lavoro che può generare un guadagno di 100 mila euro annui, questa persona dovrà sostenere le spese e i costi di uno stile di vita di New York dove magari mangiare fuori a cena ad esempio costa 200$. La persona che ne guadagna 50 mila invece può vivere dove vuole e magari può scegliere di vivere in un posto esotico dove uscire a cena ha un costo di 20$.

Alla luce di quanto detto fin qui è evidente che ciò che conta non è tanto la quantità di denaro che riesci a produrre quanto la qualità della vita che potresti riuscire a condurre. L'obiettivo è quindi quello di costruire una vita di cui puoi godere giorno dopo giorno, anziché rimandare il piacere al dopo-lavoro o agli anni in cui sarai in pensione.

Secondo quanto insegnano le regole della società è necessario studiare quanto più possibile durante gli anni dell'adolescenza e della prima giovinezza. Trovare un lavoro e cercare di avere una carriera di successo, lavorare duramente per i successivi anni fino all'età di 70 o più. Tutto questo nella speranza che alla fine ci si possa godere gli ultimi circa 20 anni rimasti da vivere (durante la pensione). In pratica il concetto si fonda sul posticipare la gioia di vivere ad un futuro di cui, tra l'altro, non si ha alcuna certezza.

Quindi il concetto è: "perché aspettare"?

Nella vita esistono tre fasi basate su tre elementi fondamentali di cui tenere conto: **il tempo, la salute, il denaro.** La prima fase è la giovane età in cui si dispone di molta salute e molto tempo ma di poco denaro. La seconda fase, l'età adulta, è quella in cui generalmente si dispone di poco tempo, di salute e di maggior denaro. Infine, la terza fase, è costituita dagli anni dell'anzianità in cui si dispone di tempo e denaro ma di poca salute. Ci potrebbe essere un'alternativa a questo modo di vedere la vita e una soluzione per poter trarre il massimo da tutte e tre le fasi. Il modo per farlo è quello di dare un nuovo valore ai tre elementi fondamentali: tempo, salute e denaro.

Per dare un nuovo valore a questi tre elementi è necessario costruire lo stile dei vita dei "nuovi ricchi", uno stile di vita fondato sui "moltiplicatori di libertà". Più moltiplicatori di libertà hai sotto-controllo e più il tuo è uno stile di vita da milionario. I moltiplicatori di libertà sono:

1. Che cosa fai nella vita
2. Dove
3. Quando
4. Con chi

In pratica se puoi controllare e decidere di tutti e 4 i "moltiplicatori di libertà" non dipendi da nessuno ed è questo l'obiettivo dei "nuovi ricchi", l'obiettivo dello stile di vita milionario.

Ma cosa si può fare per poter raggiungere questo stile di vita?

Una delle varie possibilità che ti permettono di poter vivere il lifestyle proposto da Tim Ferris, è il guadagno online. Ovvero quello di creare un business automatico o semi-automatico, un business in grado di generare guadagni indipendentemente dal tuo tempo e dal luogo in cui ti trovi.

Per raggiungere uno stile di vita da imprenditore libero, e avere successo, è necessario sviluppare delle competenze per proporre le proprie conoscenze in un particolare settore di mercato e aiutare le altre persone (interessate a quel settore di mercato) a risolvere i problemi che potrebbero dover affrontare.

Una volta acquisite le competenze necessarie, puoi proporre i tuoi prodotti e i tuoi servizi online grazie all'internet marketing.

Esistono diversi metodi per guadagnare online, secondo me il modo migliore è quello di sviluppare prodotti informativi. Potresti infatti creare dei prodotti digitali che racchiudano le tue conoscenze e le informazioni di cui disponi su un dato argomento; accertandoti che si tratti di un argomento, e quindi di una nicchia di mercato, in cui c'è sufficiente interesse e richiesta per poter generare dei guadagni.

Prima di iniziare il tuo percorso verso una vita finanziariamente libera, ci sono alcuni passi che dovresti compiere.

Il primo è quello di stabilire quali sono le tue paure per poterle affrontare e superare. Per farlo devi analizzare la tua attuale situazione e capire qual è la cosa peggiore che potrebbe succedere se decidessi di cambiare il tuo stile di vita per creare il lifestyle milionario. Potresti restare senza un'entrata per un paio di mesi ad esempio oppure potrebbero insorgere delle incomprensioni con alcuni membri della tua famiglia.

Come si misura la libertà finanziaria? Quando si è veramente liberi finanziariamente?

Oggi non puoi permetterti di contare su nessun altro che te stesso per assicurare la qualità del tuo futuro: non contare sul governo, non sul sistema pensionistico, non sul tuo datore di lavoro. Libertà Finanziaria significa innanzitutto prendere il controllo della situazione. Ma come?

La definizione è precisa:

- devi creare almeno 3 entrate automatiche;
- queste devono coprire il costo del tuo stile di vita.

Le entrate automatiche ti devono permettere di mantenere il tuo stile di vita per molto tempo, poco importa quello che accade al tuo lavoro principale.

Essere finanziariamente liberi vuol dire avere fonti di reddito "automatiche" (reddito passivo, o entrate automatiche) in grado di sostenere il proprio tenore di vita senza necessità di dover più avere un reddito derivante dalla propria attività lavorativa o professionale per poter vivere.

Fonti di reddito automatiche sono ad esempio affitti, interessi o dividendi e si definiscono automatiche perché non necessitano di alcun intervento o attività continuativa per poter essere percepiti, cioè arrivano automaticamente.

Nel momento in cui il **valore di queste fonti di reddito automatiche è almeno pari al costo delle proprie spese/uscite, ecco che si è finanziariamente liberi.** Facciamo un esempio.

Supponiamo che il totale delle tue spese/uscite (affitto/mutuo, bollette, alimentari, abbigliamento, vacanze, etc) sia mediamente di 1.5000 euro al mese. Per essere finanziariamente libero dovrai risparmiare prima e fare investimenti poi (ad esempio immobili ed azioni) sino a che tali investimenti non producano un reddito automatico cioè che arrivino senza il tuo intervento per un importo di almeno 1.500 euro al mese.

Essere finanziariamente libero non vuol dire necessariamente smettere di lavorare ma vuol dire lavorare in modo più intelligente.

Se perdessi il lavoro, per quanto tempo potresti permetterti di mantenere il tuo stile di vita? Usiamo questa formula:

Tempo totale = denaro a disposizione/spese mensili

Alla luce di queste possibili prospettive potresti essere tentato di mollare tutto e tornare alla tua solita vita, quella che non ti piace ma che conosci bene, e quindi potresti decidere di non uscire mai dalla tua zona di comfort per paura.

Ma chiediti quali sono le conseguenze economiche, fisiche ed emotive nel condurre una vita che non ti piace. Sei veramente convinto di volerti buttare sul divano e per i prossimi 10-20-30 anni e vivere sempre nello stesso modo senza soddisfazione e senza entusiasmo solo perché hai paura di correre qualche rischio?

Il vero successo puoi ottenerlo solo se sei disposto ad affrontare situazioni che ti mettono alla prova. Puoi crescere personalmente solo se sei disposto ad affrontare delle sfide e a superare il disagio del cambiamento, in ogni aspetto della tua vita.

Ora ti propongo una strada alternativa. Un modo di vivere diverso che puoi adottare seguendo un metodo preciso.

Intanto devi definire quello che ti piacerebbe e che vorresti fare. Se avessi tutti i soldi del mondo, cosa faresti? Cosa ti rende felice? Qual è il tuo sogno?

Una volta definiti i tuoi obiettivi dovrai suddividerli in obiettivi più piccoli e gestibili per poi passare alla fase successiva che riguarda l'eliminazione. Eliminando le cose che non sono importanti puoi concentrarti sulle cose che sono prioritarie per raggiungere i tuoi obiettivi.

L'eliminazione ti permette di avere più tempo così come l'automazione, che è la fase successiva, ti permette di guadagnare in modo passivo o semi passivo. Come abbiamo detto precedentemente, creando un business automatico o semi-automatico, puoi generare guadagni indipendentemente dal tuo tempo e dal luogo in cui ti trovi. La prossima fase infatti riguarda proprio la possibilità di liberarti da un luogo particolare per poter scegliere di vivere dove preferisci. Puoi farlo con un business online o comunque potendo lavorare a distanza o con internet.

Infine, per poter raggiungere uno stile di vita in cui ti senti veramente soddisfatto e appagato, devi fare in modo che ci sia equilibrio tra lavoro, relax e divertimento. Senza il lavoro infatti - a lungo andare - non apprezzeresti più così tanto il tempo che dedichi al relax e alle attività di divertimento.

Quindi, niente alibi, niente scuse, niente dubbi iniziali, niente ricerca di segreti inesistenti, il tuo momento è ora. Basta procrastinare. **Devi solo decidere ed impegnarti a vivere una via fantastica. Quella che ti sceglierai tu.**

Le entrate automatiche sono redditi che non richiedono sforzo diretto da parte tua. Di sicuro farai uno sforzo iniziale importante per crearle, ma poi ti faranno guadagnare in automatico senza che tu faccia più molta fatica per gestirle.

Sono proprio il contrario del reddito da lavoro, dove baratti tempo per denaro, cioè ricevi un compenso mensile per lavorare 8 ore al giorno, 24 giorni al mese. Immagina le conseguenze di questa rivoluzione nella tua vita: se il costo del tuo stile di vita non dipende più dal tuo stipendio, significa che non hai bisogno di lavorare per vivere.

Ne deriva che puoi ritagliarti il tempo per fare quello che hai sempre sognato: passare più ore con i tuoi figli, andare al mare ogni weekend, fare il lavoro che hai sempre voluto ma che per motivi economici non hai mai avuto il coraggio di scegliere.

Personalmente, il vero motivo che mi ha spinto ad iniziare ad esplorare il mondo economico e finanziario è stata la mi voglia di essere libero, di non dipendere più da nessuno e la curiosità di vedere se fossi riuscito veramente a crearmi delle rendite automatiche.

Mi ci sono voluti ben 5 anni di grandissimo impegno e di tanti tentativi fatti sulla mia pelle per apprendere come funzionava questo sistema, per poi acquisirne padronanza, sino ad averne il pieno controllo. Quel pieno controllo che mi ha permesso di cambiare definitivamente il mio destino finanziario.

Ma se credi che si possa stare tutto il giorno a divertirsi o sdraiati in piscina a prendere il sole e generare reddito, allora sei completamente fuori strada. Quello dell'internet marketer è un lavoro esattamente come gli altri, dove si è vero una volta impostato viaggia da solo, ma per far in modo che tutto funzioni correttamente bisogna metterci sudore e fatica.

Voglio essere franco con te, puoi certamente vivere di rendita con i passive income e vivere molto bene... ma questo richiede del lavoro, della costante messa a punto e, a volte, la necessità di rigenerare o ricreare fonti di reddito che si sono esaurite. Ma vedrai che quando inizierai a prendere il ritmo, non vedrai l'ora di iniziare un nuovo business e lanciarlo sul mercato.

Tutto questo per dirti che, il punto nodale del reddito passivo è che ti permette anzitutto di liberare il tuo tempo dal lavoro per dedicarlo a fare cose che, pur essendo meno impegnative, risultino più profittevoli.
La bellezza del vivere di rendita grazie ai passive income, consiste anzitutto nel poter liberare il tuo tempo dal lavoro per dedicarlo a cose molto più

interessanti o molto più profittevoli. O perché no a curare le tue passioni, quelle che non hai mai avuto ne tempo ne soldi per iniziare.

Giocare a qualche sport che ti appassiona, andare a caccia o a pesca, viaggiare, imparare una nuova lingua, aiutare il prossimo, andare in barca, passare del tempo con i tuoi figli, troverai il tuo scopo più elevato solo grazie ad un lavoro che ti dona più libertà.

Potresti certamente passare più tempo a fare più soldi, ma questa diventerà un'opzione, una scelta, non più una necessità.

Devi essere pronto a costruire il tuo piano per arrivare a vivere di rendita.

Dalla vendita di informazioni, alla vendita di oggetti fisici come in un e-commerce, o la vendita di beni digitali che sono infinitamente e semplicemente duplicabili come sofware o plugin o temi per wordpress.

Puoi sfruttare i proventi della pubblicità inserita in un Blog o un Canale YouTube.

Pensa alla facilità oggi di creare un popolare blog che molti lettori ben profilati leggono con continuità (prendi ad esempio le fashion o alle food blogger). Qui è possibile venderne gli spazi pubblicitari o essere compensato per una serie di contributi visivi, sponsorizzazioni una volta che raggiungi un certo numeri di fan e di traffico web.

In alternativa, se crei un blog più di nicchia ma fortemente tematico puoi operare sulle affiliazioni. Si tratta di offrire collegamenti verso siti web ed essere pagati quando la gente compra da quei siti attraverso i link inseriti nelle tue piattaforme. Come ad esempio prodotti di Amazon o altri network di affiliazione.

Devi solo considerare che, questo è passive income solo quando il tempo da te impiegato per la scrittura dei contenuti è minimale rispetto ai guadagni o, altra possibilità, quando sono altri che scrivono i contenuti per te ma di cui tu godi i reali benefici.

Puoi diventare un esperto in trading online, sul forex il trading di valute, o un esperto di commodiy, il trading sulle materie prime, o perché no sulla Borsa, il trading azionario. Ti basta un computer, una linea internet e le giuste conoscenze. Vuoi dire che è possibile automatizzare tutto questo? **Sì, tutto questo è oggi quasi integralmente automatizzabile.**

L'unica condizione è che all'inizio devi lavorare sodo per ottenerlo. Del resto, anche chi chiede migliaia di euro per fare un intervento chirurgico ha studiato per anni e praticato per altrettanti. Solo dopo questa fase puoi pensare di arrivare a lavorare qualche ora al giorno o alla settimana.

Molti credono che basti schiacciare su un banner online per fare soldi o cliccare su una pubblicità per essere pagati. Beh questo purtroppo non esisterà mai nella vita reale.

Per arrivare a generare passive income servono costanza e determinazione e potrebbe anche servirti apprendere e fare cose che non apprezzi particolarmente o che sono fuori dalla tua zona di confort o che richiederanno, per quanto ti riguarda, molto impegno.

Scriviti questa regola:
"non si può costruire un business online di successo senza capacità e senza lavorare con grande impegno."

Come futuro imprenditore di te stesso devi iniziare a costruire (anche se parti da zero) un reddito attivo, cioè un'attività che produca reddito ma legata a tue passioni o a tue elevate competenze e nelle quali tu possa divertirti lavorando. Vedrai che se lavori con intelligenza e con metodo ben presto queste attività inizieranno a muoversi da sole fino a non dipendere più da te e dal tuo tempo.

Non devi mai rinunciare sia che tu abbia meno di 35 anni sia tu abbia superato i 50 anni al tuo sogno di diventare ricco e raggiungere l'indipendenza finanziaria attraverso un lavoro online perché ricorda c'è sempre tempo per cambiare la tua vita finanziaria.

Ci vorrà solo un po' di pazienza e dovrai analizzare e modificare alcuni elementi errati rispetto a ciò che oggi probabilmente pensi circa la ricchezza, al tuo rapporto con la ricchezza e rispetto alla consapevolezza di poter raggiungere realmente la tua indipendenza finanziaria.

Capitolo 2

L'importanza del sonno per una maggiore efficienza

Vorresti ottenere di più dalla tua vita di imprenditore digitale? Vorresti trovare un modo per trarre maggior vantaggio e soddisfazione dal tuo business? Vorresti guadagnare di più e progredire professionalmente?

Per ottenere dei risultati devi sempre avere presenti quali sono gli obiettivi che vuoi raggiungere ed elaborare delle strategie e dei metodi che ti permettano di arrivare da dove sei a dove vorresti essere. E' altrettanto vero che non puoi cambiare e stravolgere la tua vita dall'oggi al domani; devi fare dei piccoli passi e dei cambiamenti graduali giorno dopo giorno.

Se sei un lavoratore indipendente, e gestisci la tua attività completamente da solo, sei automaticamente direttore e impiegato della tua azienda il che ti pone in una posizione delicata ma soprattutto impegnativa.

Il problema è che potresti sentirti sopraffatto dal lavoro di routine al punto da non avere mai la possibilità di pensare a qual è la giusta direzione che il tuo business dovrebbe prendere. Il che significa che ti trovi a dover arrancare per restare a galla senza mai riuscire ad implementare e perfezionare il sistema per poter procedere con maggiore organizzazione ed efficienza, lavorando meno e guadagnando di più.

Ecco perché molte persone che lavorano online spesso si ritrovano prigioniere di un circolo vizioso in cui tentano di portare a termine il lavoro senza mai avere il tempo sufficiente per prendersi cura di se stessi e godersi anche la vita.

Strano ma vero, per poter avere il tempo sufficiente da dedicare all'organizzazione della situazione nel suo insieme devi prima, necessariamente, focalizzarti sui piccoli dettagli.

Probabilmente sai di essere oberato di lavoro in modo eccessivo e sei consapevole del fatto che dovresti rinunciare ad alcuni clienti. Forse una parte di te si rende conto del fatto che ci sono clienti disposti a pagare il giusto prezzo per i tuoi prodotti e i tuoi servizi, consentendoti di lavorare meno e guadagnare di più, tralasciando quei piccoli lavori che portano via molto tempo ma rendono poco in termini economici.

Ma se hai difficoltà a dire di no, a trattare con i tuoi clienti e a farti pagare il giusto prezzo, ci sono buone probabilità che continuerai a lavorare molto (in modo disordinato) e a guadagnare poco.

E' quindi necessario trovare una soluzione e la soluzione è quella di analizzare il modo in cui gestisci la tua attività. **Sono infatti pronto a scommettere che potresti lavorare in modo più efficace ed essere più efficiente**. Sia che tu inizi a lavorare alle 10 del mattino o alle 13 sono certo che stai sprecando un sacco di ore del tuo tempo. Allo stesso modo, sono sicuro che alcuni dei tuoi problemi principali potrebbero essere la procrastinazione e le distrazioni continue.

Magari ti trovi ad essere sempre interrotto dalle telefonate, oppure a navigare in internet in modo passivo senza effettivamente guardare nulla di specifico e interessante, o a chattare su Messenger in modo improduttivo, o a curiosare sui social senza alcun obiettivo specifico. Per farla breve, è possibile che passino le ore senza che tu abbia concluso nulla di utile.

Credo anche che i giusti strumenti, un atteggiamento mentale diverso e, più in generale, una diversa prospettiva potrebbero fare un'enorme differenza e ti permetterebbero di avere più tempo a disposizione sia per te stesso sia da dedicare ad aspetti importanti del tuo business.

E' arrivato il momento di analizzare il tuo metodo di lavoro e il modo di gestire il tuo tempo per capire se stai davvero traendo il massimo dalla tua situazione.

L'importanza della disciplina

Quando sei il capo di te stesso, ovvero quando non hai nessuno che ti dica cosa devi fare e quando farlo, è facile lasciarsi trasportare dalla corrente senza riuscire a stabilire una routine, senza riuscire a mettere ordine nelle proprie giornate o ad organizzarsi in modo da essere efficienti e produttivi.

Il fatto che ad esempio inizi a lavorare alle 10 del mattino e vai avanti, senza interruzione, fino alle 10 di sera non significa necessariamente che tua sia efficiente e produttivo. Se ti ritrovi spesso a lavorare fino a notte inoltrata allora devi seriamente rivedere le tue abitudini. Questa attitudine non solo ti impedisce di goderti il tempo libero, con i tuoi amici e con la tua famiglia, ma non conferisce un'immagine professionale di te e della tua attività rispetto ai tuoi clienti.

Vuoi davvero avere a che fare con clienti che ti chiedono lavori con scadenze irragionevoli o che ti chiedono una cosa oggi e la esigono già per domani?

Se segui questa strada ti ritroverai presto stressato, stanco, frustrato con il solo risultato che sarai sempre meno efficiente e produttivo.

La soluzione è instaurare un po' di disciplina; il che significa che dovrai svegliarti ad una data ora tutti i giorni e dovrai iniziare a lavorare ad un'ora precisa tutti i giorni. Non solo, significa anche che quando lavori, lavori. Niente telefonate private, messaggini sui social o divagare tra i siti su internet.

Abbiamo intitolato questo capitolo "L'importanza del sonno per una maggiore efficienza" per un motivo preciso. Infatti la prima cosa da fare è **regolarizzare le ore di sonno in modo che quando la sveglia suona sei riposato e pronto** per affrontare una nuova giornata.

Questo semplice cambiamento potrebbe richiedere una disciplina mentale non indifferente ed è proprio questo il punto. Devi iniziare a modificare un'abitudine e mettere ordine in quell'area per poi progredire fino a completare il cerchio e raggiungere il tuo obiettivo ovvero, in questo caso, instaurare disciplina in modo da trarre il massimo dal tempo che hai a disposizione.

Per non sprecare la mattinata, l'ideale è svegliarsi tra le 7.00 e le 7.30. Ma per fare ciò devi essere andato a dormire sufficientemente presto da avere la forza di alzarti a quell'ora. Se consideriamo una media ideale di 7/8 ore di sonno, dovrai coricarti tra le 11 e la mezzanotte. Quello del sonno è un argomento ampiamente trattato su vari blog e siti di benessere in quanto le persone sono sempre più attente alla propria salute e all'importanza del sonno (oltre che dell'alimentazione e dell'attività fisica) per avere maggiore energia e poter così rendere di più nel corso della giornata.

Capitolo 3

Strategie per incrementare la produttività

Indipendentemente dagli orari, che ognuno dovrà personalizzare in base alle proprie esigenze, a questo punto è importante che quando decidi di iniziare la tua giornata lavorativa, ovvero quando ti siedi al computer, è importante che effettivamente cominci a lavorare e ad essere produttivo per il tuo business.

Procrastinare non solo è contro-producente, non è neppure un sistema per svagarsi e divertirsi o rilassarsi. Procrastinare significa perdere tempo, in maniera distratta, sentendosi in colpa per il fatto che si sta perdendo tempo. Non sarebbe meglio lavorare in modo concentrato al mattino, nel primo pomeriggio e poi avere qualche ora libera del tardo pomeriggio e tutta la serata? Potresti dedicare queste ore a te stesso e a fare ciò che ti piace senza inutili sensi di colpa.

Ti chiederai, come faccio? Non è semplice, dirai. Mi devo sforzare per concentrarmi sin da subito e buttarmi a capo fitto nel lavoro.

I prossimi suggerimenti ti potranno aiutare.

E' necessario suddividere la giornata in più blocchi di ore. Per lavorare con maggiore motivazione è importante tenersi delle ore libere, delle ore di svago. In questo modo hai sempre qualcosa per cui essere entusiasta, qualcosa che non vedi l'ora che arrivi. Se invece ti siedi alla tua scrivania con l'intenzione di lavorare fino a sera, ovvero se il lavoro è la tua unica attività nell'arco della giornata, la tua mente si rivolterà presto indipendentemente dalla tua determinazione e dalla tua forza di volontà. Non solo, se lavori senza interruzione per 6/8 ore farai un'enorme fatica a mantenere la concentrazione.

Quindi, la soluzione è suddividere la giornata in blocchi di ore e prevedere del tempo da dedicare a te stesso, per rilassarti e dedicarti alle attività che preferisci. Per farlo devi prima stabilire quali sono gli obiettivi da raggiungere per quel dato giorno e decidere quanto tempo ti occorre. Puoi aiutarti calcolando il tempo che ti occorre per completare i vari lavori, man mano riuscirai a calcolare in modo preciso il tempo necessario per raggiungere i tuoi obiettivi e rispettare le scadenze.

L'ideale è organizzare la giornata in modo che ci sia un arco di tempo ampio da dedicare ai progetti di lavoro ma anche l'opportunità di svagarsi e fare altro.

La maggior parte delle ore verrà quindi dedicata al business ma ci saranno degli intervalli che ti consentiranno non solo di prendere fiato ma di lavorare con maggior entusiasmo e concentrazione. Questi intervalli - che devono essere programmati e previsti - ti saranno di enorme aiuto nell'incrementare la tua produttività e la tua efficienza. Le ore di tempo libero serviranno per ricaricarti di nuova energia.

La parte più difficile è sempre cominciare, una volta che inizi diventa tutto più semplice (e questo vale per molte attività, non solo il lavoro, anche l'esercizio fisico ad esempio). A questo punto, la prossima domanda che dovremmo porci è: qual è la prima attività da svolgere, appena inizia la giornata lavorativa?

Potrebbe venirti spontaneo di rispondere: controllare le email. Sbagliato. Controllare le email e i messaggi ti pone in una posizione reattiva piuttosto che pro-attiva. La prima cosa da fare è controllare il planning della giornata e le scadenze. Questo planning, se compilato a dovere, ti darà un'idea precisa di quali sono le prime cose che devi fare per poter progredire e mandare avanti i tuoi progetti. Il planning ti dirà inoltre quali sono le persone che eventualmente devi contattare, quelle da cui attendi una risposta per poter procedere con qualche progetto, quelle che devi sentire con maggior urgenza ecc.

Una cosa è certa, le prime ore di lavoro sono da dedicare alle cose più importanti e prioritarie sulla base dei progetti ai quali stai lavorando.

Prova a seguire i suggerimenti che ti ho consigliato fin qui per i prossimi giorni per vedere se il tuo lavoro migliora e se, più in generale, ti sembra che la qualità stessa della vita possa migliorare.

Capitolo 4

Gli strumenti e la location

Per trarre il massimo dalla tua esperienza lavorativa non devi sottovalutare l'importanza dell'ambiente in cui lavori e degli strumenti che usi. In fondo passerai al computer, nel tuo studio o nel tuo angolo studio, gran parte della giornata.

Se decidi di fare l'internet marketer devi avere un computer di ultima generazione, in grado di supportare tutti i software di cui hai bisogno. Si tratta del tuo principale strumento di lavoro.

L'ambiente in cui lavori deve essere confortevole e gradevole. Se sei sommerso dal caos e da una marea di cose che ingombrano la tua scrivania, farai molta più fatica a concentrarti. Un ambiente ordinato e organizzato ti aiuterà ad incrementare la tua efficienza e la tua produttività.

Fin qui abbiamo parlato della tua base fissa ma, come abbiamo detto, essendo un internet marketer puoi lavorare ovunque. **L'internet marketing offre infatti l'ineguagliabile privilegio di poter lavorare anche viaggiando**. E se avere una base fissa, organizzata e confortevole, ti darà sicurezza e chiarezza mentale, vorrai accertarti di essere altrettanto organizzato per il lavoro "on the move" in modo da non cadere nel panico nel momento in cui decidi di viaggiare.

Vediamo ora quali sono gli strumenti che servono per lavorare con internet a parte un computer portatile e una linea ADSL.

Un sito web in wordpress.

Siteground: http://www.stefanodelgrande.com/go/siteground
SITEGROUND è il miglior servizio di Hosting al mondo. Ti permette di pubblicare per solo con pochi dollari al mese il tuo sito web. Installazione di un Blog con 3 Click.

Un autorisponditore.

Getresponse: http://www.stefanodelgrande.com/go/getresponse
Il miglior Autoresponder per il tuo business on-line.
E' un servizio per l'email marketing per costruire la tua lista, offre affidabilità e Facilità d'Uso. Tutto in italiano e con il primo mese in prova ad 1 euro.

Una Landing page (pagina cattura contatti).

Optimizepress: http://www.stefanodelgrande.com/optimizepress
Optimizepress è un plugin wordpress di ultima generazione che ti consente con una facilità inaudita di creare tutte le pagine che compongono il tuo business on line da zero. Dalla creazione di pagine di vendita, landing page fino a funnel completi per il lancio dei tuoi prodotti.

Un Funnel automatico

ClickFunnels: http://www.stefanodelgrande.com/go/clickfunnels

Strumento ormai incornato n1 per fare internet marketing. Ti permentte in modo professionale di creare un imbuti di marketing o "Funnel". Un funnel di marketing ben impostato genera un flusso costante di nuovi clienti. Crea una sorta di autostrada dove presentare e vendere i tuoi Prodotti e Servizi in modo completamente automatico.

Un software per fare video

Camtasia: http://www.stefanodelgrande.com/camtasia

Il miglior software al momento per la registrazione e costruzione di video autoprodotti. Imparerai come fare video in modo Professionale.

Un software per ricevere pagamenti

Amember: http://www.eranuovaweb.it/areaprivata/aff/go/stefanodg?i=21

Il miglior strumento per IM per gestire i pagamenti dei prodotti abbinati a PayPal. La gestione dei "carrelli elettronici" per la vendita dei miei prodotti, la gestione dei programmi di affiliazione e degli affiliati e la protezione dei tuoi prodotti con aree sicure.

Capitolo 5
Come gestire al meglio i clienti

La gestione clienti è un aspetto fondamentale dell'internet marketing ed è un fattore che influisce sull'organizzazione stessa del tuo lavoro come internet marketer.

Avere dei clienti, sotto alcuni aspetti, è come avere dei capi. Devi rispettare delle scadenze, seguire delle istruzioni e soddisfare delle richieste.

A volte, per paura di restare senza far nulla, potresti trovarti nella spiacevole situazione di aver accettato più lavori di quelli che effettivamente puoi riuscire a terminare in tempo. La domanda è, come gestisci queste situazioni?

Un altro problema sono i clienti "difficili". Alcuni clienti potrebbero avere richieste irragionevoli o sproporzionate al costo del prodotto o del servizio che vendi. Altre volte ti capiterà di avere clienti che sono eternamente insoddisfatti.

Queste situazioni possono essere eccessivamente stressanti ed è quindi necessario porvi rimedio quanto prima ed evitare che si ripetano in futuro.

Devi necessariamente imparare a trattare con i clienti, anche con i più "difficili". Devi fare previsioni realistiche e scegliere di rifiutare i lavori che sai di non poter consegnare in tempo oppure quei lavori che richiedono grande impegno ma sono poco remunerativi.

Fai in modo di perdere il minor tempo possibile. Potresti ad esempio preparare delle bozze di email, da personalizzare di volta in volta, in cui spieghi nel dettaglio tutte le caratteristiche di un determinato servizio o prodotto che offri. In questo modo potrai conversare brevemente (lo stretto necessario) con i tuoi clienti, o potenziali clienti, e dir loro che tutte le informazioni specifiche sono scritte accuratamente nell'email.

Una ragione per la quale è necessario non caricarsi di lavori e di consegne è che ti resta sempre un po' di spazio per eventuali nuovi progetti che magari fruttano di più.

L'obiettivo è quello di diventare un esperto nel tuo campo, di creare un brand forte per il tuo business, in modo da poter lavorare solo per i clienti più affezionati. Per i clienti con i quali lavori meglio, quelli che ti soddisfano maggiormente sia da un punto di vista professionale che economico.

Man mano che acquisisci esperienza e professionalità, la qualità del tuo lavoro aumenta e di conseguenza puoi anche incrementare il tuo listino prezzi. Arriverai, ad un certo punto della tua carriera di internet marketer, a lavorare meno - con maggior soddisfazione ed entusiasmo - e a guadagnare di più.

Tieni comunque un elenco organizzato di tutti i tuoi clienti e, nel caso in cui ti si presentasse un periodo un po' più tranquillo del solito, puoi contattarli per offrir loro delle promozioni o dei pacchetti scontati.

Tieni presente che hai anche la possibilità di fare outsourcing per determinati lavori. Esistono tantissimi siti, come ad esempio fiverr o upwork, in cui freelancer offrono la loro professionalità.

Capitolo 6

Segui le tue passioni e crea la tua attivita' online

Partiamo dal concetto che un lavoro fatto per passione, per raggiungere degli obiettivi, per crescere personalmente e professionalmente, è un lavoro appagante che da soddisfazione ed è quindi svolto con piacere. Al contrario, lavorare senza uno scopo è quasi una punizione e viene fatto contro voglia. Non solo, un lavoro fatto solo per "arrivare a fine mese" a lungo andare diventa frustrante e alienante compromettendo così la qualità della vita e il benessere in ogni aspetto dell'esistenza.

Fai quindi un passo indietro per osservare la tua personale situazione nel suo insieme e per stabilire qual è la direzione che vuoi prendere e come vuoi sviluppare il tuo futuro.

Ad esempio, l'idea di avviare un tuo business online potrebbe partire da una tua passione.

Qualunque decisione tu prenda, per ogni business che tu voglia avviare, un concetto necessario e comune a tutte le attività è quello di sviluppare un brand. Man mano che acquisisci nuove competenze puoi espandere il tuo business e diventare "autorevole" nel tuo settore, puoi importi come esperto in una determinata nicchia di mercato.

Diventando una figura di riferimento per un certo mercato, entrando in contatto con altri professionisti, clienti e potenziali clienti, proverai un senso di soddisfazione nuovo che ti darà maggiore entusiasmo, carica ed energia.

Analizza le varie opportunità e le possibilità di business che hai, approfondisci le tue conoscenze e acquisisci nuove competenze. Esistono diversi metodi per creare un'attività e guadagnare online, nel corso di questa Guida ne analizzeremo alcuni.

Capitolo 7

Focus su te stesso

Internet Marketing Lifestyle

Allora, sei un internet marketer e hai deciso di vivere in modo più produttivo e organizzato per migliorare la tua attività lavorativa e in generale la qualità della tua vita. Adesso sei pronto per mettere in pratica tutti i concetti acquisiti.

Continua a leggere per poter sviluppare un piano creato su misura per te, per prendere in mano le redini e vivere nel modo in cui hai sempre sognato.

L'obiettivo generale

Prima devi definire l'obiettivo generale (il macro-obiettivo, quello più a lungo termine). Vuoi lavorare meno? Vuoi assumere più collaboratori? Vuoi avviare delle Joint-Venture? Vuoi automatizzare il sistema e creare delle entrate passive?

Prima di stabilire un piano d'azione devi avere ben chiari i tuoi obiettivi generali, che poi andrai a suddividere in sotto-obiettivi in modo da definire delle azioni da compiere su base quotidiana per avvicinarti sempre più al traguardo.

Prenditi cura di te per poterti prendere cura del tuo business

Prima di poterti dedicare con la massima energia ed il massimo entusiasmo al tuo business devi prenderti cura del tuo benessere. Non puoi essere propositivo e produttivo se ti senti fiacco, stanco e apatico.

Osserva le tue abitudini e impegnati per migliorare nelle aree in cui ritieni di averne maggior bisogno (es. alimentazione, riposo, attività fisica). Tieni presente che non puoi stravolgere la tua vita dall'oggi al domani quindi dovrai apportare dei cambiamenti graduali.

Crea dei blocchi di ore

Suddividi la giornata in blocchi di ore. Che tu ci creda o no, dedicare del tempo allo svago e al relax ti aiuta ad essere più concentrato e più produttivo nelle ore in cui lavori. Assicurati di avere tempo a sufficienza per fare qualche pausa e per dedicarti ai tuoi hobby.

Seleziona i clienti

Impara a declinare i lavori che sai di non poter portare a termine e quelli che richiedono troppo impegno rispetto a quanto fruttano. Focalizzati sulla qualità piuttosto che sulla quantità.

Investi sul tuo business

Se vuoi espandere la tua presenza online, crearti un brand e diventare una figura di riferimento per la tua nicchia di mercato devi necessariamente investire nel tuo business. Investire sia in termini di tempo ma anche finanziariamente. Stabilisci un budget da dedicare alla tua formazione, e alla pubblicità del tuo brand.

Segui corsi di aggiornamento, acquista programmi, corsi e prodotti online, informati sui software e gli altri strumenti che potrebbero esserti utili e migliorare la qualità del tuo lavoro. Investi nella collaborazione di altri professionisti, non puoi pensare di occuparti di tutti gli aspetti del tuo lavoro totalmente da solo.

Capitolo 8

Modello di Internet Business: Guadagna con un Blog

Costruisci un blog profittevole

Per chiunque voglia creare e mantenere una presenza online grazie a due piattaforme come Blogger o Wordpress è diventato molto facile, anche se non si è dei veri esperti con la progettazione o creazione di siti web.

In altre parole – non è necessaria una conoscenza tecnica esagerata! Non ci vuole tanto per imparare a farne uno da zero e le difficoltà saranno presto risolte!

Con pochi click, è possibile installare immediatamente un blog e iniziare ad aggiungere contenuti di alta qualità, per attrarre abbonati e clienti di diverse nicchie di mercato considerato che Wordpress è una piattaforma open source gratuita, i costi complessivi sono limitati poichè è necessario solo un nome di dominio e un account di hosting.

Questo significa che ci si può facilmente avventurare in numerosi mercati e valutare la fattibilità di un progetto, senza dover per forza investire grosse somme di denaro nella creazione di siti web.

Tutto ciò che ti serve è scaricare gratuitamente una copia di Wordpress su www.Wordpress.org, prendere un buon hosting account come Siteground.

Clicca qui o copia il link e lo incolli sul tuo Browser

https://bit.ly/2Gcs4fx

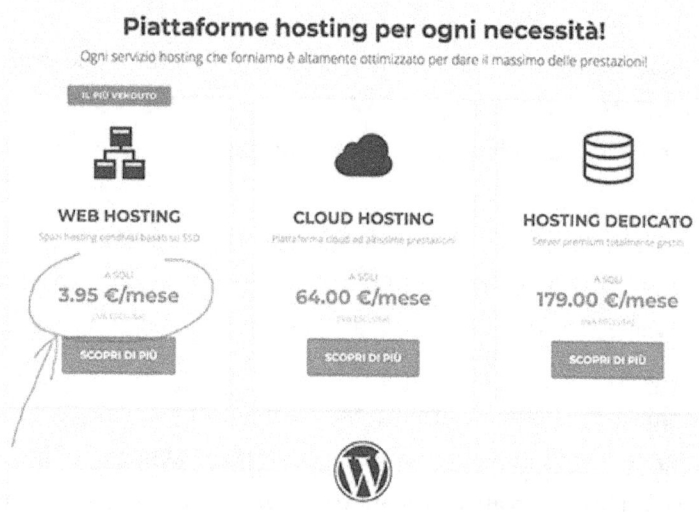

Anche la versione base da 3.95 al mese va benissimo.

La scelta di un mercato redditizio

Il primo passo prima di impostare il tuo blog, è quello di deciderne l'argomento. Quale nicchia di mercato – quali finalità – quale punto di vista?

Quando si tratta di costruire dei redditizi blog in Wordpress, bisogna andare oltre le nicchie ormai già sfruttate! Si tratta di mercati che presentano altissimi livelli di traffico, sempre molto richiesti e che hanno dimostrato di produrre ottimi risultati, ma sono molto competitivi.

Se davvero vuoi fare più soldi possibili dai tuoi blog di nicchia, è assolutamente necessario ricercare mercati, verificare la fattibilità di nicchie e sapere con certezza ciò a cui le persone sono interessate, cosa cercano e cosa sono disposte a comprare. Senza una ricerca vera e propria, non avrai la minima idea di quali prodotti o servizi inserire nel tuo sito web, ma ancora più importante, non sarai sicuro di quali keywords le persone stiano usando nei motori di ricerca per la scelta dei prodotti.

E' qui che le nicchie e le parole chiave entrano in gioco. Individuando le parole chiave più utilizzate dal tuo target di riferimento, puoi inserirle nel tuo blog ottimizzando la tua strategia e i tuoi contenuti per attirare maggior traffico dai motori di ricerca.

Ottimizzandolo al meglio, il tuo blog sarà ancor più focalizzato su compratori desiderosi di acquistare.

(Inoltre, puoi risparmiare sfruttando le campagne di marketing di successo che altri hanno creato!)

Ad esempio, se decidi di inserire e di promuovere nel tuo blog di nicchia un prodotto preso da ClickBank, come ad esempio: "Liberi dall'acne in 3 giorni", devi impostare il tuo lavoro in modo da implementare delle campagne o dei link di affiliazione così da generare commissioni dai referral.

Registrati **SUBITO GRATUITAMENTE A CLICKBANK, clicca sul link qui sotto:**

https://www.clickbank.com

Tu ben saprai che coloro che sono propensi ad acquistare questo prodotto sono affetti da acne e vogliono una soluzione rapida e indolore. Ed ecco che il gioco è fatto, avrai così già completato metà della tua ricerca: sei quindi in grado di definire in modo chiaro CHI è il tuo mercato.

E non aver paura della concorrenza - perché più c'è competizione, più il mercato è redditizio!

Ci sono letteralmente centinaia di argomenti e mercati redditizi sui quali puoi costruire un blog, ecco un breve elenco dei mercati evergreen che hanno dimostrato di essere proficui:

• Perdita di peso (potenziamento muscolare, ecc)
• Animali domestici (addestramento dei cani, amanti dei gatti, ecc)
• Intrattenimento & Celebrity Gossip (in particolare reality shows, ecc)
• Finanza (Gestione del debito, risparmio di denaro, ecc)
• Tecnologia (ultimi dispositivi, sistemi informatici, ecc)
• Business (incluso IM, lavoro da casa, fare soldi)
• Viaggi & Vacanze
• Cibo (siti di ricette, ecc)
• Games (Warcraft, Starcraft, Sims, ecc)

La regola d'oro quando sei agli inizi con il blogging, è di scegliere un argomento che ti interessa personalmente e nel quale ti trovi coinvolto.

Se sei appassionato di un argomento (ed è vincente) ti sarà molto più facile mantenere e aggiornare il blog con contenuti sempre nuovi. Anche se non sei personalmente coinvolto in un argomento e se prevedi di dare a terzi la scrittura della maggior parte del contenuto, potrai comunque entrare in qualunque nicchia di mercato tu voglia.

Quando si tratta di fare soldi con i blog, è necessario posizionare il sito web al top nella classifica dei motori di ricerca, e per fare questo, è necessario avere contenuti unici e di qualità.

Motori di ricerca come Google classificano il tuo blog in base alla sua originalità e competenza, quindi devi essere sicuro di produrre abbastanza contenuti poichè gli spider dei motori di ricerca scansionano costantemente il tuo blog.

In un capitolo successivo esploreremo i modi migliori per ottimizzare il tuo blog e come generare molto rapidamente (e senza costi) del traffico premiante e mirato verso il tuo sito web in maniera gratuita; ma ora è il momento di scegliere l'argomento o il tema per il tuo sito.

Per iniziare, annotati 5-10 potenziali argomenti che ti interessano, e che pensi essere redditizi. Potresti eseguire un test su ogni argomento in appena un minuto che ti aiuterà a definire quelli che sono destinati a essere più redditizi.

Una volta trovata quella giusta, dovrai suddividere ogni argomento in sotto-argomenti (o segmenti) in modo da poter eseguire l'analisi dettagliata di una specifica nicchia di mercato, ed indirizzare i contenuti verso specifici clienti.

Più mirato sarà il tuo blog e più semplice sarà fare soldi creando delle campagne ben focalizzate che faranno confluire nel tuo blog compratori affamati! Quando comincerai il viaggio alla ricerca di mercati di nicchia redditizi, non devi smettere di farti domande, anzi continua a sondare. "Per cosa sono disperate le persone?" o "Di che cosa la gente ha realmente bisogno nello specifico?"

Rispondendo a queste domande sarai in grado di attingere ad innumerevoli nicchie redditizie di mercato, perché quando si tratta di ciò di cui la gente HA BISOGNO e non di ciò che DESIDERA, avrai automaticamente acquirenti disperati e affamati che ansiosamente bramano l'acquisto di rimedi immediati o soluzioni alle proprie domande e preoccupazioni.

Probabilmente hai sentito parlare di quanto siano redditizi i "mercati disperati" tradotto letteralmente dall'inglese 'desperate markets' e c'è una buona ragione per questo. I mercati che sono considerati disperati non sono solo un facile bersaglio, ma è più facile vendere al loro interno.

* Quella persona disperata che vuole liberarsi velocemente dell'acne.
* Quella madre frustrata che non riesce ad insegnare al proprio bimbo ad usare il vasino.
* Quel ragazzo che farà di tutto per riavere la sua ex fidanzata.

Una delle cose più importanti che devi fare prima, è valutare se i mercati di nicchia da te prescelti che hanno tre importanti caratteristiche:
1) Si può identificare esattamente chi è il tuo pubblico.
2) Ci sono compratori motivati ed attivi.
3) Sei in grado di far passare il tuo messaggio di marketing al tuo pubblico.
Non ha alcun senso cercare di trovare una nicchia di mercato non

sfruttata. In realtà ce ne sono diverse nel mercato, ma richiederebbero un sacco di lavoro per testarle, condizionare i compratori ed analizzare cosa si vende e cosa no.

E' sempre più facile fare soldi in nicchie che hanno già dimostrato di essere redditizie, ci vorrà molto meno tempo.

Devi condurre più ricerche possibili sul tuo mercato, in modo da capire veramente a cosa il tuo target è interessato per creare campagne interessanti che "parlino il loro linguaggio." Tieni a mente che i migliori mercati sono costituiti da acquirenti che stanno cercando di alleviare il loro dolore sia mentale che emotivo che fisico.

Ricorda: La gente paga per le soluzioni ai loro problemi. E' veramente semplice scoprire che cosa il tuo target di mercato vuole e poi darglielo.

Ancora una volta, ecco la procedura in 3 passi:

1) Identificare i problemi del tuo mercato
2) Trovare le soluzioni per i loro problemi
3) Dare loro le soluzioni ai loro problemi.

Quindi, la prima cosa che devi fare è andare a fare un giro nella nicchia e fare una piccola ricerca.

Ecco cosa cercare:

- Quale tipo di persona rappresenta la fetta più grande del tuo mercato?
- A cosa sono più appassionati e perché?
- Di cosa parlano (e probabilmente pensano) per la maggior parte del tempo in merito al tuo topic?
- Quali sono le loro principali preoccupazioni / problemi?
- Cosa stanno facendo per risolvere i loro problemi?
- Che cosa si può fare per offrire una soluzione a questi problemi?

I luoghi migliori dove trovare queste informazioni sono i posti dove il tuo pubblico si ritrova: forum, famosi siti web, blog di settore, social network, ecc

Sfrutta le parole chiave

Prendi idee da Yahoo Answers. Uno dei posti migliori per trovare le domande e le risposte più in voga in merito alla tua nicchia è Yahoo Answers

http://answers.yahoo.com

Qui troverai persone che pongono ogni sorta di interessante (e spudorata) domanda su qualsiasi argomento si possa immaginare. E' estremamente famoso sul web ed è una grande risorsa per scoprire quali problemi hanno le persone, ciò che realmente vogliono e di cosa hanno bisogno.

Non solo troverai idee in merito a quali sotto-nicchie scegliere, ma avrai anche un sacco di domande e risposte su cui basare il tuo blog!

Google Alert

Google Alert è un grande strumento progettato per avvisarti automaticamente su argomenti che ti interessano tramite il tuo account Gmail. Puoi richiedere di ricevere notifiche delle ultime notizie e informazioni sulla tua nicchia e scegliere con quale frequenza riceverle. E' molto comodo!

In primo luogo, ti consiglio di impostare un nuovo account Gmail specifico per ricevere avvisi sul tema. Quindi, vai su:

http://www.googlemail.com e create un nuovo account Gmail.

Poi, vai su http://www.google.com/alerts per impostare gli avvisi.
Per esempio, se stai creando un blog su "dieta naturale" dovrai inserire
in Google Alert come i "termini di ricerca":

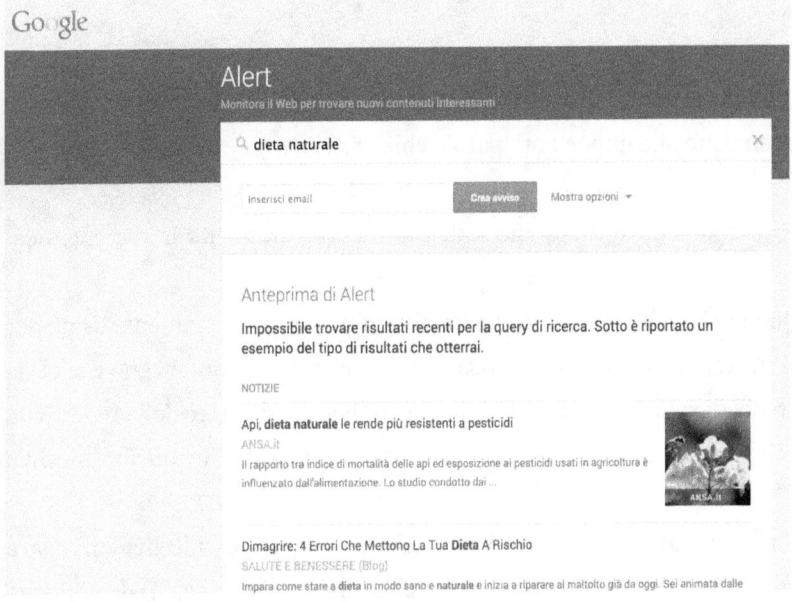

Successivamente, seleziona il tipo di ricerca che desideri. Seleziona
"Tutto", perché ogni volta che il tuo termine di ricerca verrà
menzionato in notizie, blog, gruppi, e video, riceverai gli avvisi.

Ora seleziona la frequenza di questi avvisi e quanti risultati desideri.
Suggerisco di scegliere di ricevere le notifiche ogni giorno, almeno

all'inizio, ma vedi tu.

Non trascurare altre fonti per trovare mercati di nicchia in voga tra cui riviste famose, o libri su www.Amazon.com, ricerche di attualità attraverso www.pulse.eBay.com e attraverso mercati digitali inclusi www.Clickbank.com

Sfrutta le parole chiave
Quando si tratta di valutare i mercati di nicchia, devi anche prestare attenzione alle importanti 'parole chiave'.

Le parole chiave ti aiutano a definire chi è veramente la tua clientela.

Quello che stiamo cercando è un elenco di parole ampiamente usate per le ricerche, meglio se con bassa concorrenza. E' sempre meglio che ci sia un po' di sana concorrenza, perché è un buon indicatore della redditività del mercato. Significa che ci sono acquirenti in quella nicchia.

Uno dei modi più semplici per trovare mercati di nicchia in voga è quello di utilizzare SEMRush o AdWords Keywordtool. Dal momento che Adwords è un motore di ricerca PPC usato dagli inserzionisti, è facile determinare quali nicchie sono redditizie in base al livello di inserzionisti esistenti, così come il CPC (costo per click) di annunci. Ultimamente però se non hai campagne pubblicitarie attive i dati che ti fornisce sono piuttosto sommari. Il mio consiglio è quello di guardare su SEMRush.

https://it.semrush.com/

Nella barra di ricerca basta inserire una keyword (parola chiave) e ti mostrerà le stesse ricerche di Adwords, sulla base del volume di ricerca mensile globale.

Google attraverso SemRush, ti fornisce uno strumento on-line in grado di fare questa ricerca e ti permette di sapere quanta gente cerca al mese una parola chiave.

Ora prendi le tue idee e pensa a che tipo di parole chiave le persone inserirebbero in Google Search. Pensa in particolare a quelle parole che hanno a che fare con i problemi o soluzioni del tuo mercato.

Per esempio, se sto facendo un blog su "diete crudiste" dovrei digitare parole come:

- Perdita di peso con la dieta crudista
- Programma di dieta crudista
- Perdere peso con il cibo crudo
- Pulizia del cibo crudo
- Dieta con cibi crudi
- Benefici dei cibi crudi

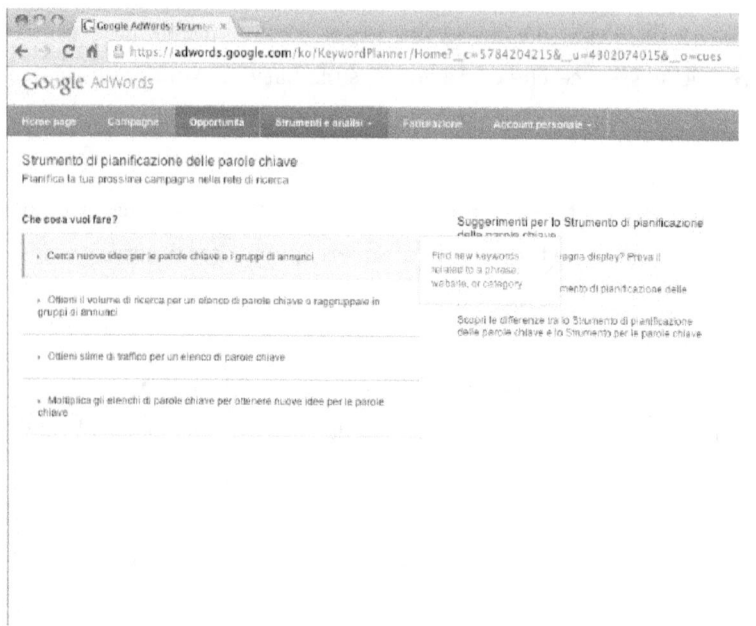

Successivamente, inserisci queste parole in Adwords Keyword Planner se hai campagne attive o su SemRush.

Comunque non preoccuparti troppo della concorrenza, perché ora hai ristretto la nicchia principale (ad esempio, salute e fitness), in una sotto-nicchia (ad esempio, diete crudiste).

Ora, prendi nota delle migliori parole chiave che questo strumento ti suggerisce ed avrai così trovato sia i termini di ricerca più frequenti sia i più importanti, perché in seguito dovrai cercare di inserirli nei titoli e contenuti del tuo blog in modo da poter beneficiare del SEO. Quindi, comincia valutando potenziali mercati. Poi, adoperati per valutare i prodotti presenti all'interno di ogni nicchia di mercato e, infine, valuta il livello di concorrenza.

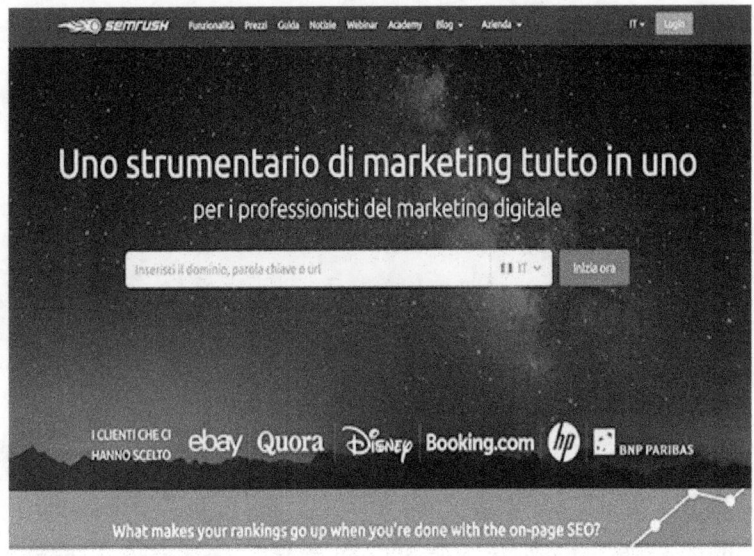

Costruisci la tua macchina da soldi con Wordpress.

Prima di creare un blog redditizio, avrai bisogno di una manciata di strumenti e risorse che ti aiuteranno ad organizzare e promuovere il tuo blog.

Tutto inizia con la scelta di un nome di dominio e un hosting account. Il nome del tuo dominio deve essere (possibilmente) ricco di parole chiave, quindi è necessario registrare un nome di dominio che incorpori parole chiave importanti riguardo al tuo mercato di nicchia.

Fai questo per un paio di motivi:

1) I domini con parole chiave si classificano meglio all'interno dei principali motori di ricerca (anche se qualcuno afferma il contrario).

2) I nomi di dominio ti aiuteranno a costruire un marchio e stabilire la credibilità nel tuo mercato. (Senza non è possibile sviluppare una presenza professionale!)

3) I nomi di dominio informano il mercato sull'argomento trattato dal tuo blog (in modo da poter indirizzare gli acquirenti più affamati nella tua nicchia!)

Il tuo nome di dominio è l'unico costo associato alla creazione del tuo business, e solo con questo, già puoi sviluppare una presenza online, che è importante per farti riconoscere come un autorità nel tuo mercato.

Personalizzazione del tuo tema

Con Wordpress, ci sono centinaia di modelli e temi gratuiti tra cui scegliere, dandoti la possibilità di utilizzare diversi temi relativi ai mercati di nicchia su cui ti sei orientati.

È possibile scaricare questi modelli direttamente dalla Bacheca di wordpress e utilizzarli 'così come sono', o fare un ulteriore passo ed assumere qualcuno per personalizzare i modelli, o ancora farlo da te, se sei un web master.

Indipendentemente da ciò che si sceglie, è necessario fare in modo che il tema sia: perfettamente funzionante, aggiornato all'ultima versione di WP, offra uno spazio adeguato per la pubblicità (banner ecc), responsive (visibile da tutti i dispositivi mobili come Ipad ecc) e consenta un'interfaccia chiara con pagine e categorie ben gestibili.

Prenditi del tempo per valutare i diversi temi che sono disponibili prima di effettuare la selezione e non aver paura di scaricare ed installare più temi per vedere esattamente come appariranno e le loro funzioni.

All'interno del tuo pannello di gestione di WordPress, è possibile attivare e disattivare i temi al volo, il che rende estremamente facile cambiare i modelli immediatamente se desideri aggiornare lo schema del tuo sito web o valutare temi diversi fino a trovare quello che ideale per te.

Oltre a personalizzarne l'aspetto, puoi anche aggiungere plugin per il tuo blog Wordpress in grado di migliorare il sito e lavorare come estensione del software del blog in modo da renderlo così più interattivo e facile da gestire.

I plugin sono eccezionalmente utili, soprattutto per ottimizzare il tuo sito per i motori di ricerca.
Sarebbe impossibile elencarli tutti, ti farò una piccola selezione qui sotto:

WordPress SEO by Yoast

È il miglior plugin SEO gratuito esistente al momento. Permette la gestione di tutto il SEO On-page in maniera davvero approfondita ed è del tutto personalizzabile. All'inizio non è così semplice da utilizzare, per questo prossimamente creerò una guida per la configurazione di WordPress SEO by Yoast. In più, sostituisce benissimo un qualsiasi plugin per creare la Sitemap, come il buon Google XML Sitemaps che ormai è obsoleto.

Privacy Policy Plugin

In ogni blog che create dovreste inserire una politica sulla privacy. Questo per essere sicuri che i tuoi lettori siano informati su ciò che possono aspettarsi nel visitare il tuo blog.

E' anche molto utile aver configurato questa pagina dal momento che alcuni programmi di affiliazione richiedono che abbiate una policy sulla privacy, se hai intenzione pubblicizzare i loro prodotti.

Google Analytics

Questo plugin è utile per rivedere le statistiche del tuo blog e visualizzare l'andamento del tuo traffico. Ha una vasta gamma di funzionalità che ti permetterà di avere un dettaglio completo del traffico.

Poi, accedete al tuo pannello di gestione di Wordpress su http://www.yoursite.com/wp-admin e cliccate su "Plugins" per caricare la lista di plugin e i link di attivazione che appariranno accanto a ciascuno. Assicurateti di attivare tutti i plugin, altrimenti non funzioneranno finché non li accenderete.

Creazione di un sistema di contenuti

Ci sono molti modi diversi per creare un sistema di contenuti che ti aiuterà a mantenere il tuo blog aggiornato in ogni momento.

Qui ci sono solo alcuni modi per iniziare:

• Scrivi il contenuto tu stesso

Questa è l'opzione migliore quando si tratta di costruire blog autorevoli! Creare contenuti unici ed interessanti e ricchi di parole chiave, è un ottimo modo per guadagnare credibilità e stima dei clienti. La cosa migliore sarebbe avere già 5-10 post sul tuo blog prima del lancio.

Prova a scrivere in uno stile che sia al tempo stesso autorevole, ma personale. Racconta storie, cerca di essere divertente, ma allo stesso tempo fornisci anche un sacco di informazioni pratiche e utili.

Il tuo contenuto non deve essere troppo lungo. Mantieni i post del tuo blog intorno alle 700-800 parole massimo, e presta attenzione alla struttura complessiva. I post sono molto diversi dagli articoli, perché vuoi attirare i visitatori, stimolarne il pensiero, e dimostrare il tuo impegno a fornire contenuti di qualità.

Fai domande, offri aiuto - crea dei post "guida", dei tutorial e altro ancora. La chiave per ogni blog di successo sta nella qualità dei contenuti e migliore è il contenuto, più facile sarà attirare i visitatori e incoraggiarli a tornare.

L'idea è di costruire un pubblico molto fedele, gente che mette nei preferiti il tuo sito e ti ritorna regolarmente. Qui focalizzati in primo luogo sulla scrittura per loro, e solo successivamente per i motori di ricerca.

Questo concetto è più che mai valido oggi, con tutti gli aggiornamenti che Google ha fatto di recente, pensiamo a Panda, Penguin...ecc. Dai sempre la precedenza ad un articolo scorrevole e mai forzato.

Dai in outsourcing i tuoi Contenuti

Se fai fatica a scrivere articoli, puoi assumere dei bravi scrittori dai siti di freelancers, ma nella scelta del tuo libero professionista non basarti solo sul prezzo. Vuoi dei contenuti che siano veramente informativi, utili e preziosi per chi li legge.

Ecco qui alcuni siti dove ho trovato scrittori freelance di qualità:
https://www.elance.com

http://www.Fiverr.com (Se ricordi i risultati secondo il rating, potrai trovare rapidamente bravi scrittori che possono creare articoli per pochi euro).

www.melascrivi.com

Melascrivi è una piattaforma di contenuti unici creati da autori esperti seguendo delle specifiche di scrittura performante nell'ottica di aumentare la vendita.

Per tradurre dall'inglese:
https://it.textmaster.com/

Controllate il profilo di ogni scrittore facendo particolarmente attenzione ai feedback lasciati dai loro precedenti clienti. Sarete in grado di capire chi offre un servizio di qualità, e chi lavora per la soddisfazione del cliente.

Per i siti come Fiverr.com, puoi ordinare i risultati per rating cliccando sul bottone "Rating" nella parte superiore della categoria prescelta.

Creazione di flussi multipli di reddito.
Quando si tratta di fare soldi con i blog online, ci sono molti modi diversi per monetizzare immediatamente i tuoi siti svolgendo poco lavoro.

Uno dei metodi migliori per fare soldi con il tuo blog di nicchia è integrare un form opt-in e far crescere una lista di clienti mirati!

Il modo migliore per farlo è offrire gratuitamente qualcosa di valore in cambio del loro indirizzo email. Potrebbe essere qualcosa tipo un report o un ebook gratuito, o un corso online in 7 parti. Sotto la tua offerta ci sarà un riquadro opt-in dove potranno inserire il loro indirizzo email a cui potrete inviare il dono.

Costruire un elenco di potenziali clienti mirati, è molto prezioso ed è una risorsa eccellente, perché dal momento che ora hai il loro indirizzo e-mail puoi inviare loro direttamente le offerte di prodotti e link di affiliazione, così come un sacco di utili informazioni gratuite!

Avrai bisogno di:

1: Un account di autoresponder, disponibile su:

https://www.getresponse.com/?a=hkXjVMgPKa

disponibile anche in italiano.

o http://www.Aweber.com

2: Inserire un modello di pagina con un form opt-in.

Per inserire una pagina cattura nome puoi usare Optimizepress, è un plugin di wordpress pensato proprio per questo scopo. All'interno troverai decine e decine di modelli già pronti per la tua opt-in page.

https://guadagni--optimize.thrivecart.com/optimizepress-new/

3: Dare un incentivo: Reports, ebook, tutorial, video - tutto ciò che puoi offrire per attirare il tuo target di riferimento e motivarlo ad abbonarsi!

Con queste risorse, sarai in grado di costruire un elenco fin dal primo giorno di attività del tuo sito. Tutto quello che devi fare è di individuare quale "esca per gli abbonamenti" (chiamata anche "prodotto civetta") state per usare, al fine di motivare i visitatori ad iscriversi alla newsletter.

Se sei in grado di scrivere da soli, puoi risparmiare tempo e denaro sviluppando un breve report che si rivolga specificatamente al tema del tuo blog. Devi fare in modo che ciò che stai offrendo sia pertinente al tuo argomento.

Una volta che avrai preparato un report, accedi all'account autoresponder e crea la mail di benvenuto cioè una e-mail introduttiva inviata automaticamente a ciascun abbonato al momento della sottoscrizione.

In questa email ringraziateli per la sottoscrizione e inserisci il link di download per il tuo report.

Proprio per far fruttare il tuo sito web, devi prima lavorare per costruire un rapporto di fiducia con gli iscritti alla tua lista in modo tale che ti considerino una fonte attendibile di consigli, suggerimenti e informazioni relative alle materie di loro interesse.

Spendi un po' di tempo ed impegnati per i tuoi abbonati, offri loro materiale gratuito, informazioni, suggerimenti e risorse che possono aiutarli.

Devi lavorare per costruire un rapporto di fiducia con gli iscritti alla tua in lista in modo tale che ti considerino una fonte attendibile di consigli, suggerimenti e informazioni relative alle materie di loro interesse.

Se lo farai, in poco tempo avrai un seguito di persone fedeli che apriranno con entusiasmo le tue email, risponderanno alle tue offerte e prenderanno in considerazione in modo sincero i prodotti che promuovi.

Link di affiliazione

I programmi di affiliazione per i blogs più diffusi al mondo sono: Clickbank, Commission Junction, Amazon ecc. Un ottimo modo per integrare questi nel tuo blog è inserire dei banner pubblicitari o recensioni.

Quando si scrive una recensione assicurati di includere una descrizione del prodotto, i vantaggi, gli svantaggi (non tralasciali perché esponendo anche i punti negativi renderai la tua opinione più credibile), come il prodotto ti è stato utile e aggiungi il tuo link di affiliazione dove si può acquistare.

Questa è un'ottima tecnica, perché è una sorta di pre-vendita per i tuoi lettori e contribuirà a favorire un tasso di conversione più elevato.

Clickbank

http://www.clickbank.com nella versione originale inglese, mentre da poco è uscita la versione italiana: http://international.clickbank.com/it/

Clickbank vende solo prodotti digitali come video-corsi, ebook e software. È possibile trovare una vasta gamma di prodotti per la promozione molto facili da usare. Inoltre il margine sulla vendita di molti prodotti si attesta intorno al 65% -75% del prezzo di vendita ed in media sui 30 euro.

Se vai su Clickbank è possibile ordinare i prodotti in base a criteri e categorie differenti.

Commission Junction

http://www.cj.com

Commission Junction ha una gamma di programmi per l'affiliazione per diversi prodotti, sia fisici che digitali. Si può essere pagati sia per ogni vendita che per ogni affiliazione.

Amazon Italia

https://programma-affiliazione.amazon.it
Amazon è simile ad Ebay, ha una vasta gamma di prodotti che puoi promuovere sul tuo blog. Ha anche un programma "Pay Per Click".

Il mercato Clickbank ha migliaia di prodotti che si possono promuovere. Imposta un account di affiliazione Clickbank che è gratuito, così puoi iniziare ad esplorare i potenziali prodotti ed i servizi immediatamente.

Ecco una panoramica di come scegliere i migliori prodotti per la tua nicchia:

Vai su http://www.ClickBank.com o in quello italiano e clicca sul link Marketplace (o Mercato per l'edizione italiana). Quindi, inserisci le parole chiave relative al tuo mercato, al fine di generare un elenco dei prodotti e dei servizi che puoi promuovere come un affiliato Clickbank.

Ogni volta che visualizzi i dettagli di ogni offerta, vedrete le statistiche sotto ogni profilo: una di queste si chiama "gravity".

Il rating "gravity" in Clickbank.com è una stima delle vendite più recenti di un determinato prodotto. Più alto è il punteggio di gravità, più popolare è il prodotto tra gli affiliati poiché si sta vendendo molto. Quando un prodotto ha un elevato rating di gravità, poiché essa stima le vendite, significa che ha un alto tasso di conversione. Questo è l'aspetto critico nella selezione di un prodotto da promuovere all'interno Clickbank.com. Infatti puoi promuovere un prodotto che effettivamente generi una buona percentuale di vendite.

Devi prestare attenzione sia alla qualità dei prodotti che alla fascia di prezzo, così da essere allineati con la capacità di spesa del tuo pubblico. Ricorda che il criterio con cui sceglierai i prodotti non deve essere il prezzo e l'alto margine che offrono, bensì devi basare la scelta sulla capacità di spesa del tuo target.

Puoi valutare il prezzo medio di vendita, rivedendo i vari prodotti all'interno di ogni nicchia di mercato a cui sei interessato.

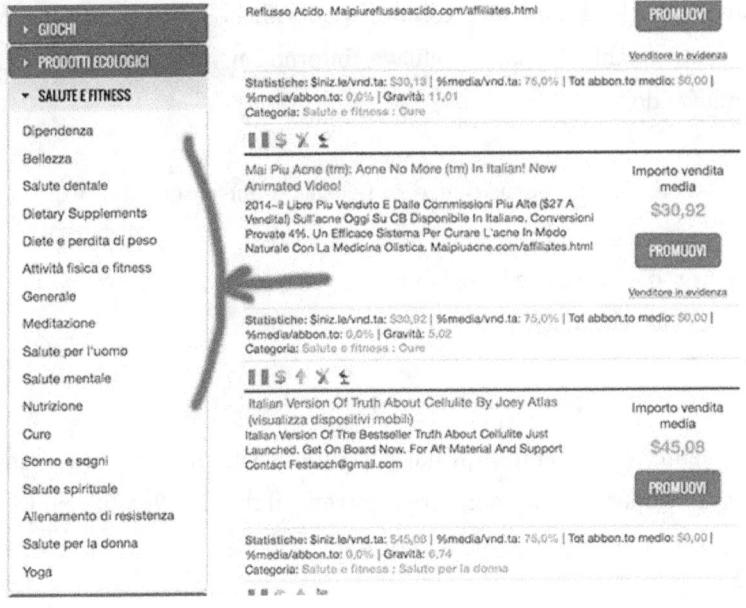

E' importante che ti focalizzi sul tuo blog di nicchia, in modo da prendere in considerazione un segmento di un largo mercato piuttosto che il mercato nel suo complesso.

Ad esempio, 'fitness' è un mercato, mentre il "body-builiding" è una nicchia al suo interno, ed è importante identificare la tua nicchia in modo da indirizzare il tuo blog verso un pubblico specifico.

Al momento di scegliere i mercati di nicchia, non abbiate paura di concentrarti su mercati più piccoli (micro), in quanto non sono solo più facili da penetrare, ma possono essere altrettanto redditizi.

Oltre che far profitti con il tuo blog grazie a prodotti di affiliazione attraverso il collegamento diretto, puoi anche provare a creare commenti ricchi di parole chiave intorno ai prodotti che state promuovendo.

Quando scrivi la tua recensione, devi pensare a due cose:

a) I motori di ricerca che lo leggono
b) Le persone che lo leggono

Ovviamente, scrivi sempre prima per i tuoi visitatori, dopotutto sono loro che decideranno se comprare attraverso il tuo link di affiliazione, e solo in secondo luogo scrivile in ottica SEO, cioè ottimizzati per i motori di ricerca.

A tale scopo, inserisci le parole chiave (compresi i nomi dei prodotti) sul tuo sito web e nei titoli della pagina, ma tieni anche a mente che dovrai integrare le parole chiave nei:

Titoli
Descrizione della pagina
Meta description
Collegamento ipertestuale
Alt Text (se si usano le immagini)

Ciò è tutto ciò che serve per creare la struttura di base delle tue recensioni, ma cerchiamo di entrare nello specifico dello schema dei tuoi post.

Vuoi fare in modo che i tuoi commenti siano di facile lettura e attraenti?
Hai bisogno di catturare e trattenere l'attenzione, uno dei modi più
semplici è quello di inserire le immagini dei prodotti (ad esempio foto
del prodotto reale, o per gli oggetti digitali, le e-cover).

"Mai Più Acne (TM) "

**L' unico Sistema anti-acne olistico esistente che TI
insegnerà come curare l'acne definitivamente e far
scomparire i punti neri, riequilibrare il tuo corpo e
ottenere quella DURATURA purezza della pelle che ti
meriti!**

"Il Sistema Mai Più Acne" (SMPA) è un e-book scaricabile di
successo di 220 pagine, denso da inizio a fine di tutti i metodi
di cura naturali segreti, tecniche esclusive ed efficaci e il
sistema olistico per fasi per l'acne che ho scoperto in oltre 7
anni di ricerca. Questo programma contiene tutte le
informazioni di cui avrai mai bisogno per eliminare l'acne in
modo permanente, senza usare creme e medicinali e senza
alcun effetto collaterale.

Esempio di Ecover

Non solo questo darà ai tuoi visitatori una visione dei prodotti che stai
promuovendo, ma aumenterà anche il valore percepito.

Il tuo sito dovrebbe anche includere una pagina per i contatti e una
politica sulla privacy, che dimostra il tuo impegno per salvaguardare i
dati dei tuoi visitatori, in modo che i potenziali clienti possano
contattarti velocemente per qualunque loro richiesta.
Quando crei le recensioni, devi ricordarti che il tuo compito è quello di
'informare il lettore'.

Devi spiegare tutti i vantaggi e le caratteristiche del prodotto, in modo chiaro e diretto.

Scrivi in modo informale le tue recensioni in modo che i lettori abbiano l'impressione che stai parlando direttamente a loro (come ad un amico, a cui stai raccomandando un prodotto veramente utile).

Devi fare in modo che le tue recensioni sembrino scritte come se fossero rivolte direttamente alla persona che legge. Dopotutto, è probabile che siano già entusiasti del prodotto, ma sono nel tuo sito perché hanno bisogno di qualcosa di più di una informazione base del prodotto, hanno bisogno di risposte e consigli.

Quindi, quando puoi, utilizza uno stile di scrittura colloquiale per le tue recensioni.

Siate onesti. E' importante spingere sui lati positivi per massimizzare i profitti, ma dovrai anche dare l'impressione che stai realmente facendo gli interessi del tuo pubblico. Cerca di dare ai tuoi potenziali acquirenti un sito sicuro nel quale possano trovare recensioni oneste e dirette, quindi scrivi i tuoi commenti nello stesso modo in cui voi vorresti leggerli, per trovarti informazioni soddisfacenti.

Se pensi che ci siano margini di miglioramento sul prodotto che stai promuovendo, includili nella tua recensione, evidenziando sia i punti di forza che i benefici. Le persone ti vedranno come una fonte onesta di informazioni e come qualcuno che non ha paura di essere lungimirante e diretto.

Devi scrivere recensioni molto dettagliate, piuttosto che delle semplici sintesi. La gente trova ovunque queste informazioni sommarie, e probabilmente le ha già lette. Ancora una volta, vuole di più.

Quindi, analizza il prodotto nel modo più dettagliato possibile, e scomponilo in vari segmenti in modo da poter toccare tutte le importanti caratteristiche del prodotto.

Chiudi con una solida conclusione! Non vuoi lasciare in sospeso i tuoi lettori, vero? Non concludere dicendo : "SE comprerete il prodotto sarete in grado finalmente di perdere quel peso e di recuperare la fiducia in voi stessi" di invece "QUANDO comprerete il prodotto".

Stai confermando la loro propensione all'acquisto, non cercare di metterla in discussione. Assicurati che la conclusione metta in evidenza i punti chiave e invia un chiaro messaggio sull'importanza del prodotto.

Non ci vuole una laurea per creare delle recensioni efficaci, ma ci vuole tempo per imparare a scrivere commenti interessanti che davvero tocchino nel profondo i tuoi visitatori.

Più ne scriverai, meglio ti risulteranno, quindi inizia dalla scelta della tua nicchia preferita e valutala attentamente, e poi buttati!

È anche possibile fare soldi attraverso la promozione di prodotti all'interno del mercato di Amazon!

Diventando affiliati Amazon avrai l'accesso immediato a migliaia di prodotti in più di 50 mercati diversi sui quali poter basare le tue recensioni.

Dalla musica, ai film, ai libri e persino all'elettronica, ai giocattoli (e in alcuni paesi, il cibo!), non c'è limite ai prodotti che potrai promuovere.

Puoi creare un sito di recensioni di Amazon semplicemente usando gli stessi modelli di commento HTML che state già utilizzando, o puoi ancora una volta, usare Wordpress come base per il tuo sito.

Avrai bisogno di un account Amazon Associates prima di poter scegliere i prodotti per la promozione, e puoi iscriverti su:

https://programma-affiliazione.amazon.it

UtilizzareWidget

Puoi crea velocemente efficaci widgets Amazon proprio all'interno del tuo account Amazon Associates. I widget sono mini applicazioni interattive che portano delle funzionalità Amazon al tuo sito web.

I LIBRI CHE CONSIGLIO SU AMAZON

Arti marziali

In questa pagina voglio segnalare i volumi sulle Arti Marziali che a mio avviso vale la pena di leggere e avere nella propria biblioteca.

L'avventura del judo
Price: —
☆☆☆☆☆ (0 customer reviews)
0 used & new available from

amazon.it

Kano Jigoro educatore – il vero judo
Price: —
☆☆☆☆☆ (0 customer reviews)
0 used & new available from

amazon.it

Corpo, mente, cuore. Manifesto per una nuova educazione
Price: EUR 7,00
★★★★★ (1 customer reviews)
5 used & new available from EUR 7,00

amazon.it

L'esprit du judo
Price: EUR 70,24
☆☆☆☆☆ (0 customer reviews)
1 used & new available from EUR 70,24

amazon.it

Ecco un esempio di riquadri con Libri sponsorizzati

Annunci AdSense di Google

Questa è una forma di pubblicità che include annunci completi sempre visualizzati sul tuo sito web o blog.

Una volta che verrà caricato e approvato il programma, Google visualizzerà rilevanti annunci "Adsense" sul tuo sito web.

Ogni volta che un tuo visitatore clicca su uno degli annunci che Google fa visualizzare in automatico sul tuo blog, otterrai una piccola commissione. La commissione media per ogni click è di circa 20 centesimi, ma dipende da quanta concorrenza è presente per quelle parole chiave utilizzate negli annunci. Gli inserzionisti dovranno pagare di più per usare le parole chiave più competitive.

Le parole chiave più competitive sono quelle che riguardano argomenti molto redditizi, come fare soldi online, assicurazioni, carte di credito, ecc. Le parole chiave più competitive possono costare fino a 10 € per click.

Con gli Adsense, sei pagato per ogni click effettuato su tutti gli annunci presenti nel tuo blog. Diventare inserzionista di Adsense è gratuito, basta generare un codice che è sufficiente copiare e incollare sul tuo blog e che sarà caratterizzato da finestre pubblicitarie di vari siti commerciali.

Per iscriverti, visita http://www.Google.com/adsense e crea il tuo account. Una volta impostato, potrai personalizzare la dimensione e la combinazione di colori dei tuoi spazi pubblicitari in modo che si armonizzi bene con l'aspetto del tuo blog.

Questo è un modo semplice per iniziare a fare soldi con il tuo blog, anche se hai poco traffico, perché invece di vendere direttamente qualcosa, stai facendo i soldi semplicemente ogni volta che altri cliccano sui tuoi annunci, cosa che a loro non costa nulla (invece tu guadagni anche se il pubblico non comprerà mai nulla da questi siti esterni).

Puoi anche creare campagne pubblicitarie all'interno del tuo account AdSense in modo da avere una serie di annunci diversi in un network di blog, così sarai in grado di determinare quali annunci sono redditizi e lavorano bene e quali hanno bisogno di essere ottimizzati per una performance migliore.

Per esperienza personale, i grandi riquadri di annunci fruttano di più, se i colori sono modificati in modo da integrarsi bene nel tuo sito. Non vuoi che questi annunci si intromettano nella piacevole navigazione dei tuoi visitatori, ma al contrario devi creare annunci che si armonizzino con i colori e l'aspetto del tuo blog.

Inizia con i riquadri per gli annunci di 250x250 o 300x250 come dimensioni medie, purché la struttura del tuo blog possa accoglierli. In caso contrario, gli annunci a torre possono essere integrati nei pannelli laterali della maggior parte dei modelli di blog.

Il riquadro 728x90 è ideale per la parte superiore del tuo blog, proprio sotto l'intestazione, oppure nella parte inferiore, come piè di pagina.

L'importante è non sovraccaricare il tuo sito con troppi annunci.

Ricorda: devi dare ai tuoi lettori la migliore sensazione possibile così ritorneranno spesso a visitare il tuo sito.

Inoltre, se questo non fosse sufficiente ad incentivarti a prestare attenzione al numero di annunci presenti sul tuo sito, sappi che i termini di servizio di Google impongono di non inserire più di tre annunci in ogni pagina, quindi assicurati di rimanere nei limiti prima di inserire annunci Adsense nel tuo sito.

Per ogni blog puoi creare singoli canali caratterizzati da specifici annunci Adsense, così puoi determinare quali campagne pubblicitarie lavorano bene, e tracciare un CTR per ogni annuncio.

Se ti accorgi che un particolare annuncio non è performante, puoi scegliere di modificarne la posizione, la combinazione di colori o le dimensioni, così come il canale generale, così che gli annunci risultino altamente appetibili per il pubblico.

Capitolo 9

Modello di Internet Business: **E-Commerce**

In questo capitolo ti illustrerò il modello e-Commerce.

Quello dell'e-Commerce è uno dei business online più ambiti in quanto in grado di connettere milioni di persone in ogni area geografica e quindi in grado di creare una più ampia opportunità di acquisire clienti e di fare profitti.

Di seguito vediamo alcune informazioni relative agli e-Commerce.

L'e-Commerce non ti renderà ricco da un giorno all'altro. A differenza di quanto si possa pensare un business online richiede tempo e dedizione per poter essere perfezionato.

E' sicuramente un metodo per guadagnare – e guadagnare anche ingenti somme di denaro – ma richiede comunque impegno.

Se davvero vuoi far crescere il tuo business, devi dedicare i tuoi sforzi al marketing, alla pubblicità e alla promozione del tuo negozio online.

Non devi preoccuparti della logistica e delle spedizioni in quanto sono aspetti che dovranno essere interamente gestiti dai fornitori e dal negozio online.

Sono 6 gli elementi necessari per un modello e-Commerce:

1. La scelta della nicchia di mercato
2. La creazione di un brand personalizzato
3. La ricerca dei fornitori e dei designer
4. L'installazione e il settaggio del negozio online
5. Stampa su richiesta
6. Dropshipping

La scelta della nicchia di mercato

Come prima cosa dovrai selezionare una nicchia di mercato per il tuo business online. Un prodotto di nicchia ti aiuterà a fondare il tuo business su basi solide. Non puoi pensare di promuovere ogni genere di prodotto e sperare di fidelizzare così i clienti.

Inizia col vendere qualcosa che ti interessi un minimo. In questo modo potrai affrontare con più entusiasmo e positività gli eventuali problemi e ostacoli che potresti incontrare lungo il percorso.

Ci sono tre modi in cui puoi decidere in quale nicchia operare.

Intanto potresti dare un'occhiata a quelli che sono i trend del momento. Naturalmente in questo caso si tratterebbe molto probabilmente di impostare un business a breve termine che ti permetta di incassare un extra.

Alcuni siti che puoi consultare a questo scopo sono:

https://www.ecomdash.com/ecommerce-niches-2017

https://www.metrilo.com/blog/ecommerce-trends-niche-products

Non sottovalutare il potenziale di guadagno nascosto dietro i trend del momento seppur a breve termine. Posso farti l'esempio dei "bastoni da selfie", c'è stato un momento in cui tutti erano interessati ad acquistare questo oggetto e chi li vendeva online è riuscito a guadagnare cifre sbalorditive.

Poi ci sono stati i fidget spinner e chissà cos'altro ci riserverà il futuro!

Un altro metodo efficace per scoprire i trend del momento è quello di fare una breve ricerca su grossi siti come Amazon e eBay e guardare quali sono gli articoli più venduti. Cerca preferibilmente tra i prodotti che hanno buone recensioni e pochi rivenditori. In questo modo avrai poca concorrenza e potrai fare molte vendite.

Analizza gli oggetti più venduti negli ultimi 3/6 mesi per avere un'idea più chiara dell'andamento di questi articoli sul mercato.

Di seguito alcuni altri criteri che puoi adottare per la scelta della nicchia di mercato:

1. Seleziona una nicchia relativa ad un settore in cui hai esperienza, una nicchia in cui puoi aggiungere un vero valore all'attuale proposta sul mercato.

2. Seleziona una nicchia ricca di potenziali clienti interessati e super-motivati. In questo caso devi analizzare la domanda di mercato per una data nicchia: dove c'è domanda ci sono acquirenti; dove c'è un problema puoi offrire una soluzione con il tuo prodotto.

3. Prodotti difficili da trovare in una determinata area geografica; questa caratteristica renderà unico il tuo business e i tuoi clienti ti prenderanno come punto di riferimento per quel particolare prodotto.

4. Prodotti usa e getta, prodotti che si consumano o che necessitano di rinnovo. In questo modo ti assicuri vendite costanti nel tempo.

5. Prodotti che richiedono accessori aggiuntivi. Vale la pena vedere prodotti che richiedono l'acquisto di elementi extra.

Non devi necessariamente scegliere una nicchia che si basi al 100% su tutti questi principi. Tuttavia sono utili da tenere a mente mentre fai la tua ricerca di mercato per selezionare il tipo di prodotto che meglio si addice alle tue esigenze e alle caratteristiche del tuo business.

La creazione di un brand personalizzato

Il prossimo passaggio è quello della creazione del tuo brand. Il brand è come fosse un'identità per te e per il tuo business. Non solo infatti ti dà un senso di proprietà del business ma un buon brand ti consente di connetterti con i tuoi prospect (potenziali clienti) e con i tuoi clienti ad un livello emozionale.

Ti ricordi l'ultima volta che hai comprato un oggetto del tuo marchio preferito? Come ad esempio un orologio. Quando fai un acquisto di questo genere ti senti bene e appagato perché, in qualche modo, ti identifichi con l'immagine di un particolare brand.

Questo è l'obiettivo a cui devi mirare quando crei il tuo brand personale. Quando avrai il tuo brand verrai identificato come unico avrai una tua identità all'interno del tuo settore di mercato.

Uno dei vantaggi più evidenti dell'avere un tuo brand è che puoi aggiungere valore a tutte le tue proposte di vendita. Ed è cosi che fidelizzi i clienti.

Inoltre, proprio per l'unicità conferita da un brand personalizzato, diventa più semplice per i tuoi clienti far diventare virale i tuoi prodotti in quanto vengono percepiti come unici.

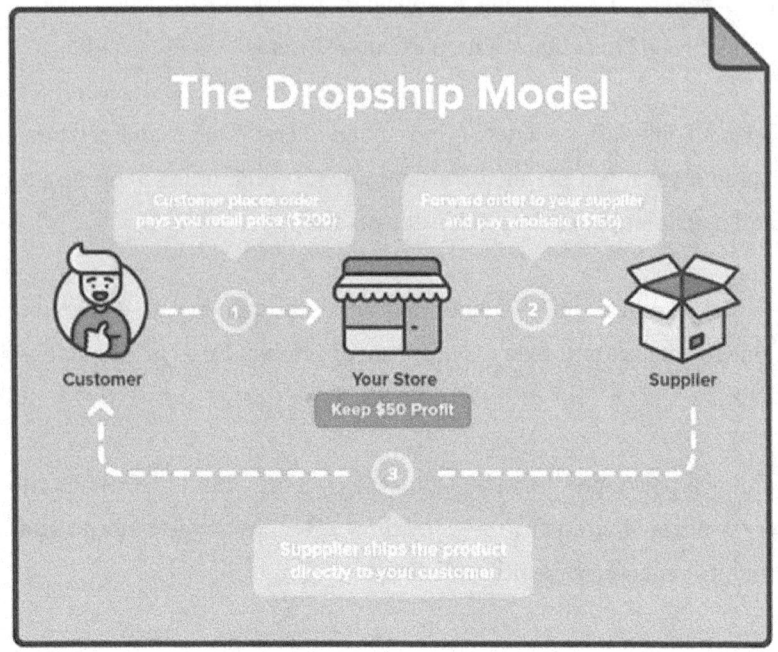

Vediamo qui di seguito alcuni modi in cui puoi realizzare un brand.

Intanto scatta tu le foto che ti serviranno per l'immagine del tuo brand, in questo modo avrai la certezza di essere originale mentre selezionandola da una banca immagini potresti correre il rischio di scegliere un'immagine uguale a quella di qualcun altro (o comunque un'immagine già vista). Scegli l'immagine di un qualcosa che identifichi la tipologia di business di cui ti occupi.

In secondo luogo puoi assumere un fotografo per avere delle immagini professionali.

Terzo, puoi realizzare un logo che rifletta l'identità che vuoi trasmettere del tuo business.

Dallo schema di colori agli oggetti che scegli come simbolo per la tua attività, sei libero di scegliere ciò che ritieni possa meglio riflettere la personalità del tuo business.

Anche in questo caso puoi rivolgerti ad un grafico professionista, assumere qualcuno su siti come fiverr o UpWork oppure realizzare tu il tuo logo su un sito come canva.com

Dopodiché ti suggerisco di specificare - sul tuo sito - qual è la tua missione e quali sono i tuoi valori. Lo scopo del tuo business è importante per i tuoi acquirenti e potenziali acquirenti. Se il tuo obiettivo non rientra nei loro interessi non saranno propensi ad acquistare da te ed è per questo motivo che è importante chiarire quello che è il tuo scopo.

Un altro modo in cui puoi "brandizzare" il tuo business è tramite la scelta di un colore o di uno schema di colori sul tuo sito. Il tuo sito internet dovrebbe avere un suo design riconoscibile. Lo scopo è quello di avere un negozio online con un'identità precisa.

Pensa ai due archi dorati che formano la m di McDonalds oppure alle strisce bianche e nere di Sephora, sono tutti elementi identificativi, facilmente riconoscibili e visivamente memorizzabili.

Infine puoi offrire ai tuoi clienti degli omaggi gratuiti oppure dei voucher. Le persone sono più propense ad acquistare da te se possono ottenere un omaggio in cambio oppure uno sconto speciale. Potresti offrire qualcosa di gratuito a fronte di una spesa (ad es. minimo 100€) oppure una volta effettuato un determinato numero di acquisti (es. ogni 3/5 ecc.)

La ricerca dei fornitori e dei designer
Adesso affronteremo l'argomento fornitori e designer.

Nell'intraprendere una ricerca di prodotti, devi cercare prodotti definiti "a marchio privato" o white label . Si tratta di prodotti realizzati da una compagnia ma che possono essere "ribrandizzati" dalla compagnia che decide di venderli come se fossero propri. Esistono molte grosse aziende che seguono questo metodo.

I prodotti white label spaziano dai cosmetici alle T-shirt ecc.

Una volta trovato il fornitore assicurati che sia disposto a fare drop-shipping, in questo modo non dovrai crearti un tuo stock e si occuperanno loro di evadere gli ordini dal loro magazzino. Nel caso in cui invece volessi avere un tuo magazzino, la maggior parte delle ditte fornitrici ti consente di pre-acquistare delle forniture da tenere in stock.

Per Drop Ship (anche conosciuto come drop shipping o dropshipping) si intende un modello di vendita grazie al quale il venditore vende un prodotto ad un utente finale, senza possederlo materialmente nel proprio magazzino.

Il venditore, effettuata la vendita direttamente nel suo ecommerce, poi trasmetterà l'ordine al fornitore che in questo caso viene chiamato "dropshipper", il quale spedirà il prodotto direttamente all'utente finale.

In questo modo, il venditore si preoccupa esclusivamente della pubblicizzazione dei prodotti, senza le relative incombenze legate ai processi di imballaggio e spedizione che invece sono a cura del fornitore.

Alcune compagnie come Gearbubble.com e Powermerch.com possono assisterti sia nel design che nella fornitura dei prodotti.

L'installazione e il settaggio del negozio online

Adesso è arrivato il momento di dare avvio al tuo negozio online.

Avrai bisogno di una piattaforma adatta per poter vendere i tuoi prodotti. Il tuo sito rappresenta il mezzo principale di connessione tra te e i tuoi prospect i quali potranno valutare ed effettuare gli ordini direttamente da qui.

Qual è la piattaforma migliore per il tuo business? Sulla base di alcune ricerche la migliori per l'e-Commerce è **Shopify.**

Iniziamo da Shopify. Anche per chi non ha mai avuto un e-Commerce questa è la miglior soluzione. Shopify è la piattaforma migliore per poter gestire un sito e-Commerce; ti consente di usufruire di vari strumenti che possono esserti utili – dall'esporre i prodotti in vendita all'elaborazione dei pagamenti.

Ecco alcune caratteristiche specifiche di Shopify che potranno aiutarti con il tuo business online.

Shopify ha un suo provider per i pagamenti. Accetta carte di credito e PayPal. Dato che accetta molteplici forme di pagamento rende più semplice per i tuoi clienti il processo d'acquisto.

Dopodiché ci sono i canali di vendita online di Shopify. Shopify infatti supporta diversi canali di vendita online in cui puoi vendere i tuoi prodotti. Connettendo ogni canale con Shopify puoi tenere traccia dei tuoi prodotti, dei tuoi ordini e dei clienti da un'unica piattaforma; indipendentemente da dove vendi i tuoi prodotti.

Come funziona Shopify?

Il funzionamento di Shopify è molto intuitivo: una volta che avrai creato un account, specificando una serie di dati di base, potrai cominciare ad impostare l'aspetto grafico del tuo e-commerce, scegliendo fra i tanti temi gratuiti o a pagamento che la piattaforma ti mette a disposizione. Una volta completata questa prima fase, avrai l'opportunità di personalizzare ulteriormente il tuo negozio elettronico. Inserendo le diverse categorie di prodotti, e specificando alcune informazioni necessarie come i metodi di spedizione e di pagamento avrai modo di iniziare immediatamente a vendere.

Quali sono i vantaggi di questo e-commerce?

Il primo vantaggio di questo negozio elettronico è il seguente: i tuoi sforzi terminano con la compilazioni delle informazioni viste poco sopra. Sarà infatti Shopify ad occuparsi di tutto il resto: dalla definizione della pagina di checkout fino ad arrivare alla gestione dei carrelli, tu non dovrai mai preoccuparti degli aspetti tecnici. Ma i vantaggi di Shopify non terminano certo qui: proprio come avviene con i comuni CMS, anche in questo caso potrai aggiungere diversi plugin (gratuiti o a pagamento) per espandere le potenzialità e le funzionalità del tuo e-commerce, rendendolo sempre più professionale. Infine, da sottolineare la presenza di una app, che rende questo sito facilmente raggiungibile anche da smartphone, aumentando dunque le tue possibilità di vendita.

https://it.shopify.com/

Alcuni dei siti che supportano il canale di vendita di Shopify sono Facebook, Messenger, Pinterest e anche Amazon. Inoltre puoi connettere anche il bottone "Acquista Ora" direttamente al tuo sito o blog.

Infine Shopify semplifica per te il tracking, la spedizione e la lista degli ordini. Dalla decisione del metodo di spedizione alla registrazione automatica degli ordini.

Mentre Shopify è la miglior piattaforma per la gestione del tuo online store, Facebook ed Instagram sono i luoghi migliori in cui poter trovare traffico online e interazione da parte del tuo target.

Entrambi i social (Facebook ed Instagram) vengono spesso usati da chi avvia un e-Commerce. La maggior parte degli imprenditori sfrutta entrambi per pubblicizzare i propri prodotti o servizi oltre che per fornire informazioni in merito ai prodotti stessi e all'attività.

Anche se creare una pagina fan o un gruppo è relativamente semplice usando Facebook o Instagram, non è altrettanto semplice per i clienti effettuare l'ordine direttamente attraverso questi canali.

Questo perché semplicemente i social network non sono studiati per la vendita diretta, il miglior modo è quello di sfruttarli per dirigere traffico verso il tuo sito web.

Stampa su richiesta
Il primo tipo di e-Commerce che potresti avviare è il POD (print-on demand) o stampa su richiesta.

Una consegna su richiesta è la consegna immediata o programmata del prodotto al tuo cliente e viene avviata immediatamente dopo che il cliente effettua l'ordine.

Molti tra i più grandi rivenditori mondiali si avvalgono di questo sistema che garantisce una consegna del prodotto più veloce al cliente.
Rivenditori come Amazon possono aiutarti a spedire i tuoi prodotti più velocemente rispetto ad una consegna diretta dal produttore.

Se sei interessato a consegnare i tuoi prodotti più velocemente, allora una ricerca di rivenditori potrebbe essere la miglior soluzione per il tuo business.

Perché il tuo POD (print-on-demand) funzioni, devi prima avere:

1. Il tuo prodotto di nicchia. Che si tratti di abbigliamento, attrezzature, borse o qualunque altra cosa reputi interessante e per la quale ci sia richiesta.
2. Un marchio per il prodotto. Ricorda di creare un brand per il tuo business per aiutare i clienti ad identificarti con più facilità.
3. Fornitori e designer. Elencali tutti in modo da non dover essere alla ricerca costante di altri fornitori e designer.
4. Un negozio online. Una piattaforma Shopify, un account Facebook e un account Instagram sono tutto ciò di cui hai bisogno.

Esempio pratico POD

Se ad esempio hai un business – consegna su richiesta o POD – di libri; i vari file del tuo libro devono essere preparati in un formato pronto per la stampa o PDF.

E' meglio fare una stampa di prova prima di stampare il libro per i tuoi clienti. Il proprietario di un business deve specificare i termini di distribuzione con un fornitore o produttore POD.

Assicurati che i file digitali del tuo libro siano preparati e formattati in modo da adattarsi al formato del libro (contenuto e copertina); dopodiché invia i file digitali al tuo team di produzione per il confezionamento del libro.

Puoi ora elencare i tuoi libri sul tuo sito web. Incrementa le visualizzazioni sponsorizzandole sui social-media e prepara sempre un piano di marketing per divulgare le tue promozioni ad un audience quanto più ampio possibile.

A questo punto alcuni utenti navigheranno sul tuo sito e troveranno il tuo libro. Se sono interessati lo ordineranno. Shopify, la piattaforma del tuo sito, invierà un messaggio al produttore del tuo libro (POD – print-on-demand) che ordinerà in automatico lo stesso quantitativo ordinato dal cliente. Una volta ricevuto l'ordine confezioneranno il libro e tu potrai monitorare lo stato della produzione tramite il tuo account Shopify.

Quando il tuo libro è pronto lo spediranno prima a te oppure direttamente al tuo cliente. Dipende dagli accordi che hai preso con il produttore. Pagherai quindi al produttore (print-on demand) una percentuale del prezzo di vendita del libro. E così si conclude il procedimento di Stampa-su-Richiesta.

Dropshipping
L'ultimo esempio d business e-Commerce è il dropshipping.

A differenza del sistema POD, avere un business di dropshipping, significa che vendi prodotti che non sono tuoi ai tuoi clienti.

Nel momento in cui ricevi gli ordini, il fornitore che hai selezionato spedisce il prodotto direttamente ai tuoi clienti.

Il tuo profitto è dato dalla differenza tra il costo del tuo acquisto e il prezzo di vendita al quale hai venduto il prodotto al tuo cliente finale.

Tutto ciò di cui hai bisogno è:

1. Un prodotto di nicchia. Ogni business di successo deve specializzarsi su un prodotto di una specifica nicchia di mercato.
2. Seleziona i tuoi fornitori e crea un elenco dei fornitori che hai scelto.
3. Affidati al sistema Alidropship.com in quanto è il più diffuso per il dropshipping

Crea un account su Alidropship.com per personalizzare il tuo servizio di dropshipping.

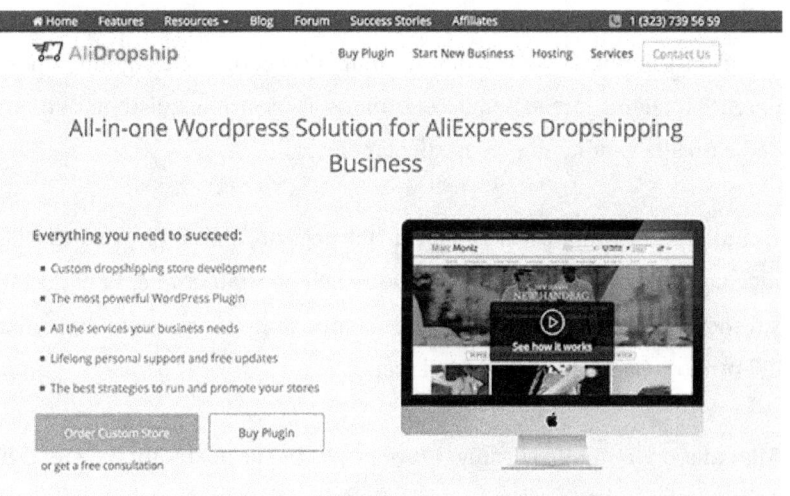

Alidropship.com fornisce tutti i servizi tecnici; non avrai problemi a comunicare con i tuoi clienti, a gestire i tuoi ordini e a tenere traccia delle offerte e di tutte le altre cose.

I clienti saranno felici di trovare un sito sviluppato appositamente che permette loro di ordinare e acquistare in modo semplice e veloce.

Non solo, potrai accedere alle informazioni analitiche per valutare l'andamento del tuo business: ottenere i dati statistici relativi al numero degli ordini, le visite, le vendite ecc.

Possono anche tenere traccia delle performance del tuo online store e apportare eventuali necessari cambiamenti.

Senza contare l'elevato potenziale di guadagno. Se hai un tuo negozio online è più facile per te vendere piuttosto che se usi altre piattaforme come un semplice blog o i tuoi account Facebook e Instagram. Questo perché i clienti preferiscono effettuare i propri acquisti su un sito dedicato alla vendita di quel particolare articolo.

Quindi come prima cosa, riempi il tuo negozio online di prodotti della nicchia di mercato che hai scelto. Dopodiché postali online. Puoi postarli sui social o sul tuo sito dropship. Posta immagini e descrizioni dettagliate del prodotto del fornitore che hai scelto.

Man mano gli utenti vedranno i tuoi prodotti e acquisteranno da te. Ogni volta che un cliente effettua un ordine, riceverai una notifica, a questo punto contatta il fornitore di quel prodotto specifico ed effettua a tua volta lo stesso ordine.

Una volta ricevuta la conferma dal fornitore dovrai informarlo che l'indirizzo di consegna è quello del tuo cliente. Dopodiché il tuo cliente riceve l'ordine effettuato e la transazione è completata.

Queste procedure riassumono la procedura del POD e del dropshipping. Ricorda di tenere sempre aggiornato il tuo negozio online e di essere puntuale con la consegna degli ordini.

Conclusione

Arrivati a questo punto, spero tu abbia le idee più chiare riguardo l'internet marketing lifestyle, e che tu sia invogliato ad intraprendere o a migliorare il tuo business come internet marketer.

Spero soprattutto che questa Guida ti sia servita per aiutarti a gestire meglio il tuo tempo e il rapporto con i clienti. Per organizzare con metodo e disciplina le tue giornate e le tue attività, senza procrastinare ma facendo fruttare al meglio la distribuzione dei blocchi di ore di cui abbiamo ampiamente parlato. Non solo, spero che tu abbia acquisito i principi fondamentali riguardo il valore dei prodotti, dei servizi che offri e del tuo brand. L'importanza che ha nella vita svolgere una professione con entusiasmo e passione.

L'internet marketing ti permette di avere una libertà ineguagliabile in altre attività. Con il tempo ti consente di godere di maggiore stabilità economica e di trarre molta soddisfazione dal tuo lavoro. Tuttavia, per avere successo è necessario avere volontà, determinazione, costanza e disciplina.